혁신적인 일자리를 위한

블록체인

혁신적인 일자리를 위한 블록체인

발행일	2019년 5월 17일

지은이	정동원		
펴낸이	손형국		
펴낸곳	(주)북랩		
편집인	선일영	편집	오경진, 강대건, 최승헌, 최예은, 김경무
디자인	이현수, 김민하, 한수희, 김윤주, 허지혜	제작	박기성, 황동현, 구성우, 장홍석
마케팅	김회란, 박진관, 조하라		
출판등록	2004. 12. 1(제2012-000051호)		
주소	서울시 금천구 가산디지털 1로 168, 우림라이온스밸리 B동 B113, 114호		
홈페이지	www.book.co.kr		
전화번호	(02)2026-5777	팩스	(02)2026-5747

ISBN	979-11-6299-713-0 03320 (종이책)	979-11-6299-714-7 05320 (전자책)	

이 도서의 국립중앙도서관 출판예정도서목록(CIP)은 서지정보유통지원시스템 홈페이지(http://seoji.nl.go.kr)와
국가자료공동목록시스템(http://www.nl.go.kr/kolisnet)에서 이용하실 수 있습니다.
(CIP제어번호: CIP2019019006)

혁신적인 일자리를 위한

블 록 체 인

정동원 지음

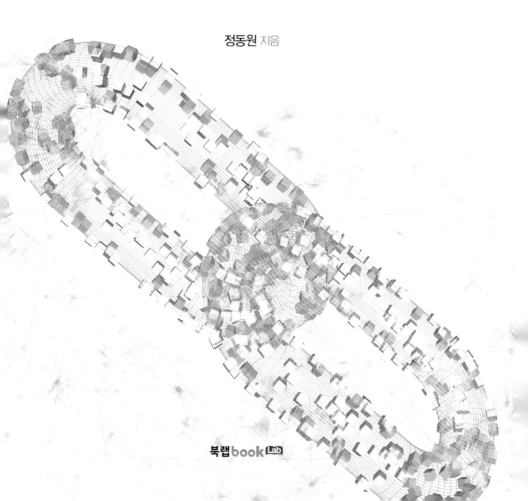

북랩 book Lab

앞으로 수 년 안에 우리 사회의 통념은 하염없이 무너져 내릴 것이다. 국가, 가족, 교육, 경제 등 상식이 통하지 않는 시대가 닥쳐오는 것이다. 블록체인 기술은 이를 가속화한다.

이제 인간은 대체 무엇을 하며 살 것인지를 걱정하는 시대가 되었다. 이러한 상황은 인류 문명 시작 초기의 인간 에너지에 의존하는 시대에서 벗어나 산업혁명을 거치면서 인간의 근력, 감각뿐만 아니라 지적 능력까지 기계가 대신하게 되면서 벌어진 일이다. 따라서 대부분의 인간이 하던 일은 기계의 몫이 되었고 인간은 지성인으로서의 삶을 살지 않으면 안 되는 사회가 되었다. 이른바 자아실현 사회 또는 지성 사회로의 대이동인 것이다.

지금의 교육은 지식인을 육성하는 데 적합하긴 해도 지성인을 육성하기에는 미흡하다. 인간의 지식은 인공지능을 능가하기 힘들다. 다만 지성은 기계가 여전히 따라오기 힘든 인간의 영역이다. 따라서 지성이 만들어내는 초가치(Super Value)로 기계들을 통제하고 공존해야 한다. 또한, 경제 시스템도 양적 성장에서 벗어나 질적 성장을 추구해야 한다. 그러므로 아이들에게 지금과 같은 교육을 계속한다는 것은, 엄청나게 빠른 속도로 스마트해지는 기계들과 대적하라고 강요하는 것과 같다. 안타깝게도 그것은 거의 불가능한 일이다.

　지성 사회의 핵심 동력은 집단지성을 통해 만들어지는 초가치이다. 이는 인류와 자연을 사랑하고 책임지는 마음으로 답이 없는 질문을 통해 길을 찾아가는 과정에서 비롯된다. 이 과정은 현실 세계가 아니라 사이버 세계에서 더욱 활발하게 이루어질 수 있다. 안타깝게도 현실 세계는 사이버 세계가 이러한 지성사회의 새로운 인프라라는 것을 제대로 인식하지 못한다. 그럼에도 불구하고 우리는 이를 조속히 구축해야만 한다. 분명한 것은 이 같은 사이버 세계의 주도권에 따라 기존의 국가나 경제 시스템도 확연히 바뀌게 되리라는 점이다.

　이 책은 그런 관점에서 블록체인과 인간의 일에 대한 정의를 새롭게 생각하게 만든다. 기술이 만들어 갈 새로운 시대에 필요한 일자리를 정의하고, 블록체인을 통한 사람과 일의 연결을 새로운 시각으로 접근한다. 아직 어떤 정의도 통념이 되기에는 이른 감이 있다. 그러므로 우리에게 있어 지금의 시기는 마치 신대륙에서 말뚝을 꽂아 자기 땅을 만들었던 서부의 개척 시대와 같은 기회가 누구에게나 주어지는 시기다. 그것이 바로 기술 혁명의 시기인 것이다. 아무쪼록 여러분도 이런 기회를 잡아 지성인으로서 성공한 삶을 만들 수 있기를 기원해 본다.

전하진(한국블록체인협회 자율규제위원장)

'취업'이라는 것은 인간에게 있어 떼려야 뗄 수 없는 사회적 화두이다. 과거 산업화가 한참 진행되던 시기에는 많은 사람이 '취업'이라는 화두에 그다지 민감하지 않았다. 고학력자들이 많지 않았고, 국가의 성장은 가팔랐기에 대학 졸업장이 곧 취업을 담보하던 시기도 있었다. IMF를 겪으면서 그런 세간의 암묵적인 환상은 처절히 깨졌다. 많은 직장인과 가장들이 실직으로 인해 거리로 내몰렸고, 대학을 졸업한 고학력자들의 실업률이 사회적 공포처럼 번졌다. 그럼으로써 취업이라는 단어는 사회적 이슈와 같이 등장했다. 이것은 불과 20년 전의 일이다.

20년이라는 짧은 시간 동안 우리는 많은 변화를 겪었고 현재도 우리는 그 변화의 흐름에 직면해 있다. 20년 전에 처음으로 우리에게 매우 중요한 이슈로 떠올랐던 '취업'이라는 키워드가 4차 산업혁명 시대의 새로운 화두가 되고 있다. 일에 대한 정의가 새롭게 논의되고 있고, 사람의 일이 어떻게 변할지에 관해 격론이 펼쳐지고 있다.

이런 시점에 필자는 HR 서비스업에서의 오랜 실무 경험을 바탕으로 4차 산업혁명으로 변화될 일에 대한 개념을 새롭게 정의하고 있다. 특히 블록체인 기술로 변화를 맞게 될 소유의 개념을 직업에도 접목하여 일의 개념을 새롭게 정의하고 사람과 일의 연결에 대한 새로운 시각을 우리에게 제공해 주고 있다. 새로운 기술로 인해 변화하는 사회·경제적 변화에 발맞춰 인간의 일이 어떻게 변화하고 연결되는지를 정의해 주는 새롭고 흥미로운 이야기를 들려주고 있다.

필자는 20년간 HR 서비스에서 자신의 본분을 다하는 인물이다. 또한, 사람과 일의 연결을 좀 더 효과적이고 효율적으로 변화시키고자 하는 청년의 열정을 여전히 보유하고 있다. 그와 함께했던 시기가 있었는데, 여전히 HR 서비스 영역에서 구인·구직업의 성장에 힘을 쏟고 있는 필자에게 격려와 응원을 보낸다.

문영철(㈜스카우트 대표이사)

'블록체인'이라는 단어를 들어 본 사람이 전 인구 중에서 몇 %나 될까? 개념을 대략이라도 알고 있는 사람은 더 적을 것이며, 그것이 앞으로 우리 사회와 라이프 스타일에 어떤 영향을 미칠지를 아는 사람은 극소수에 불과할 것이다.

1903년 12월 17일, 라이트 형제가 인류 최초로 동력 물체에 몸을 싣고 하늘을 날았던 12초 동안 그 광경을 봤던 구경꾼들은 다섯 명에 불과했다. 아마 그들도 새만도 못한 그 우스꽝스러운 물건이 장차 인류의 삶을 어떻게 바꾸게 될지는 상상조차 못 했을 것이다. 지구의 반의 거리를 반나절이면 갈 수 있는 보잉기를 타고 다니는 126년 후의 세대들이 보면 그들은 '원시인'들이었다.

인류사의 대부분의 발견과 혁신은 우연에서 시작한다. 그러나 그 우연 뒤에는 수많은 사람의 상상과 도전이 있었다. 인간은 불편함을 못 참는 존재다. 블록체인이라는 허무맹랑해 보이는 기술도 불합리한 중앙 집권적 금융 제도를 창조적으로 파괴하려는 혁신가들의 고민의 산물이다. 리먼 사태로 시작된 우연처럼 보이는 2008년의 금융 위기는 우리가 믿고 있는 절대 선의 신화를 붕괴시켰다. 제도권의 초일류 금융사들도 망할 수 있으며 은행에 맡겨둔 내 돈이 휴짓조각이 될 수 있다는 사실을 아주 극소수의 사람들은 눈치챘다.

이것을 우리의 직업에 연관 지어 생각해 보자. 우리는 좋은 대학을 나와 대기업에 입사해서 정년까지 근무하고 두둑한 퇴직금과 연금을 타서 인생을 마감하는 것이 최고의 선이라고 생각하고 살아왔다. 일본의 '평생직장'의 개념을 가져와 쓰고 있었던 우리 기업들이 1997년 IMF 사태를 맞으며 그들의 가족, 직원을 가차 없이 해고했다. 사람들은 더 이상 직장은 가정이 아니며 선배는 형이 아니고 동료는 친구가 아니라는 것을 깨달아야 했다. 이것은 비단 우리나라의 일만이 아니다. 평생직장의 원조인 일본에서도 이미 그 개념이 상실된 지 오래다.

이제 우리 중 대부분은 원하든, 원치 않든 일생에 거쳐 몇 차례 직장을 옮겨야 하며 심지어는 직업을 바꿔야 하는 상황에 놓였다. 채용의 절차에 수차례 부딪혀야 하는데, 문제는 정보의 비대칭에 있다. 뽑는 사람도 지원자를 정확히 알 수 없고 지원하는 사람도 기업과 직무에 대해 아는 게 많지 않다. 정규직 말고도 앞으로 대세가 될 프리랜서 계약 시장에서는 더 심각할 수 있다.

이 책에서는 이 문제를 블록체인 기술로 해결할 수 있다는 미덕을 말하고 있다. 물론 그것은 완벽하지도, 궁극적이지도 않을 수 있다고 본다. 그러나 이제 막 태동하기 시작한 인터넷 보안 기술의 하나를 가지고 '신뢰'의 불안정 상태로 괴로워하는 채용 시장에 해법을 제시했다는 점에 주목해야 한다. 지금은 뜬구름 잡는 소리로 들리겠지만, 이 또한 수많은 선각자와 같은 혁신가들이 나와서 불안정을 안정으로, 불편함을 편함으로 만들어 줄 것이라고 확신한다. 그때가 되면 오늘 여러분이 접한 이 책이 단순히 채용의 편의만을 말한 것이 아니라 우리 삶에서 떼어놓을 수 없는 직업에 대한 혁명적 변화를 예견한 것임을 깨닫게 될 것이다.

라이트 형제 이후 20년이 채 안 되어서 비행기는 전쟁에 투입되었고 40년이 지나자 소리보다 더 빠른 비행의 시대, 초음속 시대가 됐다. 지금은 기본적인 연산이 빛보다 몇 배 속도로 실행되는 슈퍼컴퓨터의 시대다. 변화의 시간은 더 빨라지고 앞을 내다보는 것이 너무 어려울 때다. 섣불리 예측하지 말고, 고민하지 말고 이 책을 읽어 보자. 블록체인과 일자리가 우리의 삶을 언제 어떻게 변화시킬지 상상해 보는 좋은 여정이 될 것이다. 최소한 20년, 40년 후가 되면 우리는 더 이상 수학 정석 책과 영어 스펙 쌓기에 청춘의 날을 갉아 먹는 '원시인'으로 남지는 않게 될 것은 분명해 보인다.

이병로 (한국영농신문사 대표이사)

목차

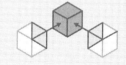

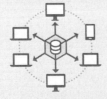

Prologue

HR(Human Resources) 업에서 먹고 사는 문제를 해결한 지도 20년이 흘렀다. 그런데 특이하게도 HR 업에 종사하면서 타인의 HR에 대한 고민은 많이 했을지 몰라도 나 자신에 대한 HR에 대해서는 별로 고민하지 못한 듯하다. 20년 동안 HR 업에 관해 고민했으면서도 여전히 해답을 찾지 못하고 있는 것도 그렇고, 여러 곳의 직장을 옮겨 다닌 것도 그렇다.

"커리어에도 중년의 위기가 있다."라는 말을 들어 보았는가? 인생에는 중년의 위기가 찾아오게 마련이다. 커리어에도 중년의 위기가 찾아온다.

HR 업계에서 일하면서 '정말 재미없다'라는 생각이 뇌리에 스친 건약 10년 전쯤이었을 것이다. 그 생각은 잠깐 뇌리에 스치는 것에만 그치지 않고 몇 년 동안 심각하게 번민을 제공한 빌미가 되었다. '이 길이나에게 정말 맞는 길일까?' 하는 생각은 누구나 한 번쯤 하게 되는 커리어에 대한 고민이다.

그렇지만 이것이 비단 잘못된 생각은 아니다. 사람은 누구나 선택이라는 기로에 서게 되고, 시간이 지나서 되돌아보면 '과거에 내가 한 선택이 정말 옳았을까?' 하는 후회감이 남는다. 그런 후회를 하지 않는 사람은 완벽에 가까운 사람이거나 혹은 신(God)적인 마음가짐을 갖고 있으리라.

커리어에 중년의 위기를 초래하는 원인은 잘 알려지지 않았다. 그래도 그 현상을 그나마 가장 잘 설명할 수 있는 것은 중년이라는 시기에 겪는 삶에 대한 선택권이 줄어든 데에 대한 아쉬움과 어쩔 수 없는 과거에 대한 후회, 그리고 중년이라는 시기의 커리어가 당면해야 할 끊임없는 결정과 판단에 대한 압박 등으로 심적인 부담감이 매우 커진 탓일 것이다.

2008년에 경제학자 데이비드 블랜치플라워(David Blanchflower)와 앤드루 오즈월드(Andrew Oswald)가 분석한 자료에 따르면 청년기에 고점에서 시작한 삶의 만족도는 40대 중반에 바닥을 친 뒤 다시 회복되는 완만한 U자 형태를 그린다고 한다. 이런 패턴은 전 세계적으로 유사하게 확인된다고 하며 성별과도 무관하게 나타난다고 한다. 또한, 결혼이나 부양가족에 대한 다른 변수를 제거하고 조사해도 그 결과는 바뀌지 않는다고 한다. 이 U자형 곡선은 완만하면서도 확고하다. 20~45세 사이의 평균 만족도 격차는 해고를 당하거나 이혼했을 때 나타나는 만족도 하락 폭과 비슷하다고 한다.

이러한 커리어 중년의 위기를 우리는 어떻게 극복해야 할까? 당연한 이야기지만, 인생이 그러하므로 다른 곳에서 방법을 찾는 것이 마땅하다. 이런 위기가 닥쳤을 때 삶의 활력소를 제공하는 취미를 갖는다든지, 배우자와 함께 많은 시간을 보내거나 가족과 여행하며 위로를 통해 조금씩 극복해 나가는 것이다.

하지만 한편으로 생각하면 이런 커리어 중년의 위기는 선택의 문제에서 출발한다고 볼 수 있다. 스스로 자신의 커리어에 대한 주도권과 만족감을 느끼는 정도에 따라 커리어 중년이 느끼는 위기의 질감은 사뭇 다를 것이다.

앞서 얘기한 대로 과거 시간, 즉 선택에 대한 후회감이 중요한 사실로 작용할 수도 있다. 따라서 우리는 자신에게 아주 잘 맞는 옷과 음식을 입고 먹는 것과 같이 커리어 설계를 잘해야 한다. 이는 이런 위기를 극복하는 사전 처방이 될 것이다.

그러나 상황은 그리 녹록지 않다. 4차 산업혁명으로 일컬어지는 무지막지한 기술의 발전으로 인해 우리의 일자리는 위협받고 있고, 인간의 일자리에 대한 심각성이 대두되고 있다. 이런 시점에서 어떻게 커리어 설계를 잘할 수 있으랴.

하지만 기술의 발전은 또 다른 기회를 잉태하는 것이고, 언제나 정답은 아니어도 해답은 찾아지는 것이 만물의 원리이다.

커리어 중년의 위기를 넘기기 위한 사전 예방 차원에서도 그렇고, 4차 산업혁명 시대에 일자리를 어떻게 바라봐야 하는지에 관한 차원에서도 한 번쯤 고려해 봐야 할 지점들을 담아 생각을 정리하고 공유하고자 했다.

많이 부족한 내용이지만 20년간 HR 업에 종사하며 경험했던 것과 느꼈던 것을 최근 변화하는 기술의 트렌드에 접목해 커리어의 방향을 제시해 주었으면 좋겠다는 생각으로 내용을 정리해 봤다.

모든 사람이 일을 통해 세상에 존재하는 가치를 느끼는 것이 행복한 삶이다. 그 생각을 따라 그 길을 하나씩 천천히 만들어 가는 것이 필자의 소명이라고 생각하며, 이 책은 그런 길을 만들어가는 과정에서 치열하게 고민하는 소견을 적은 것임을 넓게 이해하며 읽어 주었으면 하는 바람이다.

부족한 남편의 곁에서 항상 마음고생이 심한 사랑하는 아내 윤미에게 고마운 마음을 전하고 학업의 스트레스를 스스로 잘 이겨내는 수연, 유철에게 이 글을 바친다.

정동원

①

일자리를 박탈당한 사람들

　인간에게 일이 얼마나 중요하고 필요한지, 또한 반면에 사회적으로 기술의 진보에 어떻게 위협받고 있는지를 대단한 필력으로 우리에게 알려준 라이언 아벤트(Ryan Avent)는 『노동의 미래』에서 〈이코노미스트〉의 기자로서 글을 쓰는 자신의 기사와 로스앤젤레스의 한 프로그래머가 개발한 '퀘이크 봇'이라는 기사 로봇이 작성한 기사와 함께 기자라는 직업의 미래에 대해서 비교하고 있다.

　그의 비유에 따르면 퀘이크 봇은 기자와 같이 며칠 동안 고민하지 않고 기사 작성을 빠르게 수행할 수 있다. 반면, 인간 기자는 하나의 주제에 대해 며칠을 고민하여 겨우 완성하곤 한다. 이런 추세라면 인간에게 기자라는 직업이 얼마나 오래 지속될 지 불분명하다는 것이다. 그는 그에 따라 기사 한 편에 실리는 기업 광고의 가치는 조만간 제로에 수렴하게 되리라고 예측한다. 이뿐만 아니라 불과 7~8년 전에는 존재하지도 않았던 우버(Uber)나 에어비앤비(Airbnb) 같은 서비스가 수백만 명을 고용하는 산업들을 근본적으로 바꿔 놓고 있다. 직장 동료들의 협업을 돕도록 고안된 채팅 서비스인 슬랙(Slack)과 같은 제품은 일터의 의사소통 과정에 변혁을 가하고 있다. 지시에 따라 거래처에 이메일을 보내거나 점심 식사를 대신 주문해 주는 클레버 봇들은 마치 인간 동료들처럼 대화에 참여하고 있다. 이처럼 "수많은 산업 영역에서 로봇은 인간의 일자리를 대체할 것이다."라는 암울한 얘기로 라이언 아벤트는 우리의 우려를 깊게 만들고 있다.

아벤트의 얘기와 같이 인간은 일을 통해 단순히 식탁에 음식을 올리기 위한 자원을 획득하는 것이 아니라 정체성, 즉 세상에 태어난 당위성을 느끼는 것이 더욱 중요한 것임을 우리는 인식하고 있다. 그런 '일'을 갖지 못하는 사태는 인간에게 커다란 상실감과 존재의 위기의식을 느끼게 한다.

기술의 진보, 즉 4차 산업혁명으로 대변되는 인공지능과 다양한 기술 진보로 인해 인간의 일이 로봇에게 전이되는 현실에서 우리는 일에 대해서 어떤 관점으로 바라봐야 하고 준비하는 것이 좋은지 고민해 볼 필요가 있다.

필자는 비록 세계적인 석학이나 전문가 관점에서 일의 미래를 논하는 것은 아니지만, HR 업에서 실무를 담당하면서 일의 미래가 어떠해야 하고, 사람들에게 어떻게 일을 연결시키고 최적의 일자리를 찾아주어야 하는지 오랜 기간 고민과 연구를 해 왔다. 그러한 입장에서 우리가 목도하는 현재의 기술 진보에 대비하여 어떤 것이 일과 일자리에 좀 더 효율적인 연결일 것인지에 대한 시각으로 얘기해 보고자 한다.

또한, 이것은 전문적인 시각에서 보는 일의 미래가 아니라 실무적인 시각에서 일의 연결에 관한 내용임을 밝히며 이야기를 시작하고자 한다.

인공지능으로 인한 일자리의 위협

로봇의 등장으로 인해 사람의 일자리가 사라지는 것을 두려워하는 시각이 지배적이다. 어떤 시각은 로봇과 인공지능으로 인해 사람의 일자리가 더 늘어난다고도 한다. 그러나 결국 확실한 것은 이제 일자리는 새로운 전환기에 들어서고 있고, 이에 따라 일자리를 찾는 방식도 새로운 방식으로 바라봐야 할 필요가 있다는 점이다.

직업에 대한 다양한 우려의 목소리가 크다. 로봇과 인공지능으로 인해 수많은 사람이 일자리를 잃을 수 있다는 암울한 이야기가 공공연히 논의되고 사실로 받아들여지기까지 한다. 세계적인 석학과 컨설팅 기관들도 앞다퉈 이 문제를 진단하고 견해를 내놓고 있다. 2017년 맥킨지에서 발간한 〈JOBS LOST, JOBS GAINED: WORKFORCE TRANSITIONS IN A TIME OF AUTOMATION〉 보고서는 전 세계적으로 큰 반향을 일으켰다. LG경제연구원에서 발행한 인공지능에 의한 일자리 위험 진단에 따르면 그림 1의 그래프와 같이 향후에는 모든 직업군에서 대체가 일어날 것으로 예상된다. 다만 대체 확률의 크기에 따라 얼마나 빨리 다가오느냐, 조금 늦게 오느냐의 차이만 있을 뿐이라고 그래프는 얘기하고 있다. 일례로, 단순 노무 종사자나 장치, 기계 조작 및 조립 종사자는 대체 확률 분포가 1.0에서 0.6 사이에 많이 분

포되며 빠르게 인공지능으로 대체될 확률이 매우 높게 나타난다고 한
다. 반면, 전문가 및 관련 종사자나 관리자는 상대적으로 0.6 아래에
분포되며 좀 더 늦게 인공지능으로 대체될 것으로 예측되고 있다.

그림 1 인공지능이 우리나라 노동 시장에 미치는 영향(인공지능이 일자리에 미치는 영향이
클 것으로 예측했던 프레이와 오스본의 연구를 국내 노동 시장에 적용해 보면 다음과 같은 그래
프가 도출된다)[1]

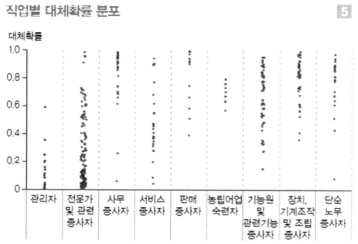

좀 더 구체적으로 살펴보면 자동화 위험이 큰 상위 20개 직업은 통
신 서비스 판매원, 텔레마케터가 가장 상위에 이름을 올리고 있다. 반
면, 자동화 위험이 상대적으로 낮은 직업에는 종교 관련 종사자, 연구

---

1 자료 출처: LG경제연구원. 김건우. 인공지능에 의한 일자리 위험 진단. 2018. 5. 15[Frey
& Osborne(2013), LG경제연구원].

관리자, 교사가 있다. 즉, 사람과의 대면과 감정적인 노동이라고 지칭할 수 있는 직업들이 상대적으로 자동화를 통해 대체될 확률이 매우 낮게 나타난다는 예측이 담겨 있다.

그림 2 자동화 위험이 높은 직업과 낮은 직업 상위 20개[2]

자동화 위험이 높은 상위 20대 직업			자동화 위험이 낮은 하위 20대 직업		
분류코드	직업명	대체확률	분류코드	직업명	대체확률
5302	통신서비스 판매원	0.990	2440	영양사	0.004
5303	텔레마케터	0.990	2411	전문 의사	0.004
5304	인터넷 판매원	0.990	2591	장학관·연구관 및 교육 관련 전문가	0.004
8922	사진인화 및 현상기 조작원	0.990	1312	교육 관리자	0.007
2714	관세사	0.985	1331	보건의료관련 관리자	0.007
3125	무역 사무원	0.985	2521	중고등학교 교사	0.008
3142	전산 자료 입력원 및 사무 보조원	0.980	2545	학습지 및 방문 교사	0.009
3132	경리 사무원	0.970	2221	컴퓨터시스템 설계 및 분석가	0.011
5220	상품 대여원	0.970	2523	특수교육 교사	0.012
8212	표백 및 염색 관련 조작원	0.970	2420	약사 및 한약사	0.012
8222	신발제조기 조작원 및 조립원	0.970	1390	기타 전문서비스 관리자	0.014
8324	고무 및 플라스틱 제품 조립원	0.970	2542	컴퓨터 강사	0.014
8912	가구조립원	0.970	2489	기타 종교관련 종사자	0.017
8919	기타 목재 및 종이 관련 기계조작원	0.970	2481	성직자	0.017
9991	구두 미화원	0.970	2321	화학공학 기술자 및 연구원	0.017
3201	출납창구 사무원	0.965	2392	섬유공학 기술자 및 연구원	0.017
3126	운송 사무원	0.960	2393	가스에너지 기술자 및 연구원	0.017
8211	섬유제조 기계조작원	0.960	1311	연구 관리자	0.018
2712	회계사	0.957	2311	건축가 및 건축공학 기술자	0.018
2713	세무사	0.957	2341	환경공학 기술자 및 연구원	0.018

인공지능에 의한 자동화의 물결은 아직 초기 단계이다. 무인 매장, 무인 창고 등 일부 산업에서는 서서히 현실화되는 조짐이 관찰되고 있지만, 산업 전반에서 인공지능의 상용화는 아직 멀었다고 보는 견해도 있다. 그러나 최근 수년간 인공지능의 비약적인 발전 속도를 고려한다

---

2 자료 출처: LG경제연구원. 김건우. 인공지능에 의한 일자리 위험 진단. 2018. 5. 15[Frey & Osborne(2013), LG경제연구원].

면 안심할 수는 없는 상황이다. 이미 기존 산업계에서 이슈가 되는 '우버화(Uberization)'나 '아마존 효과(Amazon Effect)'의 기저에는 방대한 데이터를 분석하여 상품을 추천하거나 수요자와 공급자를 매칭하고 수요를 예측하는 머신 러닝 알고리즘의 활용이 자리 잡고 있다.

인공지능에 의해 사람들의 일자리가 기존에 우리가 생각하던 방식에서 대규모로 변화할 것은 자명한 현실이다.

일자리는 기존 전통적인 일자리를 의미하지 않고, 사람들의 감정을 치유해 주는 일자리, 사람과 대화를 나누는 일자리, 누군가를 대신해서 저녁을 함께 먹어 주는 일자리 등과 같이 좀 더 형이상학적이고 사람 냄새가 나는 일자리들로 대체될 수 있다.

이런 형이상학적 일자리들은 그 사람에 대한 능력과 평가를 일반적인 기준인 잣대로 판단하기에는 매우 어려움이 따른다. 그러므로 사람들 간의 후기, 즉 사람 간의 평가에 의존하는 경우가 더욱더 많아진다. 또한, 이러한 직업은 정기적인 직장으로 이동해서 업무 시간을 마치면 일을 끝내는 일자리가 아니다. 직접적으로 사람과 사람이 P2P(Peer to Peer)로 연결되는 방식의 일자리이고, 그렇기 때문에 P2P 구인·구직 네트워크의 필요성은 중요하게 대두된다. 사람과 사람을 연결하는 중개자가 굳이 연결에 참여할 이유는 별로 없다. 다만 피어 투 피어 간에 스스로 자신의 데이터를 노출하고 노출된 데이터를 구매하고자 하는 자발적인 연결이 필요하며 이에 대한 노드(Node, 단말) 간의 효과적인 연결에 필요한 P2P 네트워크만이 필요하게 된다.

블록체인과 일자리 변화

삼성이 차세대 전략 스마트폰인 갤럭시 S10에 암호화폐 지갑을 탑재한다는 소식이 블록체인 업계를 뜨겁게 달구고 있다. 블록체인과 암호화폐 대중화에 있어서 매우 중요한 전환점이 될 수 있기 때문이다. 또한, 삼성에도 블록체인은 상당히 의미 있는 기술이다.

거시적으로 보면 블록체인은 '새로운 인터넷'이다. 따라서 삼성이 그동안 플랫폼 비즈니스 영역과 소프트웨어 영역에서 제대로 힘을 발휘하지 못했던 것을 한 번에 뒤집을 수 있는 좋은 호기라고 판단해 볼수 있다.

현재 인터넷의 가장 큰 문제는 소수 플랫폼에 의한 독점에 있다. 이런 문제를 해결할 수 있는 것이 블록체인이라는 생각이 급속도로 퍼지고 있는 것이다.

그동안 인터넷 강자들은 인터넷을 자신들만의 인트라넷 정도로 전락시켰다고 해도 과언이 아니다.

블록체인은 인터넷을 기반으로 구동되지만, 제2의 인터넷의 역할을 할 수 있다. 여전히 기술적인 기반이 부족하고 해결해야 할 기술적 난제들이 존재하지만, 수많은 천재가 이 분야에 뛰어들어 연구하고 있으며 모두 새로운 기회를 탐구하고 성취하기 위해 노력과 집중을 하고 있다. 이런 추세에 삼성전자와 같은 IT 공룡 기업이 본격적으로 블록체인 기술에 관심을 가지고 새로운 룰을 만들기 위해 뛰어든다는 것은 시사하는 바가 매우 크다.

이런 시점에서 중앙 플랫폼, 즉 GAFA(Google, Amazon, Facebook, Apple)가 아니더라도 우리 생활 주변에 존재하는 수많은 중앙형 플랫폼들이 어떻게 변해야 할지 그리고 어떤 변화 전략을 추진할지는 사뭇 관심 있게 지켜볼 일이다.

GAFA(Google, Amazon, Facebook, Apple)는 중앙 플랫폼의 승자이다. 검색과 제품, 콘텐츠를 통해 사용자들의 시간을 지배하고 있다. 그런 점에서 제2의 인터넷인 블록체인을 통해 그들이 쌓아온 시간 지배력을 잃지 않을까 하는 우려 섞인 시각이 있는 것도 사실이다.

그럼에도 불구하고 아마존과 구글은 어떻게든 블록체인 영역으로 진입할 것이다. 새로운 리더십으로 과거의 영광을 되찾고 있는 마이크로소프트는 이미 블록체인 영역으로 진입했다. 마이크로소프트는 블록체인 프로젝트들이 쉽게 자신들의 서비스에 집중할 수 있도록 블록체인 기술을 서포트하고 있다. 이미 블록체인 프로젝트를 쉽게 구동할 수 있도록 돕는 BaaS(Blockchain as a Service)를 제공하고 있다. 이에 자극받은 아마존은 자회사인 AWS(Amazon Web Services)를 통해 블록체인에 어떻게 접근할지 고심하고 있으며 구글도 아직 구체적인 전략은 없지만, 조만간 블록체인에 대한 전략을 고민하여 내놓을 것으로 보인다.

　이처럼 블록체인이 제2의 인터넷이 될 것을 플랫폼 강자들은 이미 알고 있지만, 기존에 자신들이 구축해 놓은 영역을 침해받는 것을 우려해서 적극적인 전략을 취하기는 힘들 것이다.

　지역 화폐가 암호화폐로 만들어지듯이, 지역 기반의 일자리 창출 화폐에 대한 아이디어도 제시할 수 있다. 예를 들면, 부산 지역의 일자리 창출 지원을 위해서는 부산 취업 화폐(Busan Job Crypto Currency, BJC)를 제안할 수 있다. BJC를 통해 지역에 있는 청년층 구직자에게 BJC를 취업 활동에 대한 장려금으로 지급하고, BJC를 많이 보유한 청년 구직자는 일정 정도의 규모를 쌓게 되면 —일정한 기간과 활동이 있어야 조건이 충족된다— 이를 현금으로 교환해 주는 방식으로 지역 기반 일자리 창출 화폐를 만드는 것도 아이디어로 고려해 볼 필요가 있다. 이것은 미래에 발생할 수 있는 가치를 현재 기준으로 보장해 줄 수 있다는 장점이 있고, 당장 현금을 지급하면서 발생할 수 있는 지속적인 노력의 중단 리스크를 막을 수 있기도 하다. 청년 구직자의 적극적 구직 활동을 장려하고, 지속적인 적극적 구직 활동을 통해 청년 구직자가 스스로 구직 활동에 성공할 수 있도록 유도하는 매우 긍정적인 역할을 할 수 있다. 청년 구직자의 구직을 위한 활동은 일정한 기간과 노력의 투여가 필요하다. 이러한 시간과 노력의 투여가 지속되기 위해서 일정 정도의 보상이 뒤따른다면 좋고, 이런 보상을 당장 현금으로 제공하는 것보다 일자리 암호화폐를 제공함으로써 구직 활동에 대한 노력을 지속하게 만들 수 있다.

　가치는 본질적이자 근본적으로 사회적이다. 즉, 가치를 창출한다는 것은 본질적·근본적으로 사회적인 활동에서 자유로울 수 없다는 얘기다. 사회적인 관계와 활동에서 우리는 가치를 창출한다. 그만큼 우리가 어떤 사회적 관계에 속해 있느냐는 우리가 창출하는 가치와 상당한 연관 관계가 있다.

　인간은 일을 해야 한다. 일은 가족을 먹여 살리고 일상에 짜임새를 부여하며 사회생활을 영위하게 해 준다. 인간의 노동이 제대로 작용할 때 사회 질서의 기반이 안정적으로 조성된다. 하지만 오늘날 노동의 세계는 걷잡을 수 없는 속도로 변화하고 있다. 디지털 혁명은 틀림없이 전례가 없는 대규모 번영을 창출할 것이지만, 급속한 기술 진보와 자동화로 인해 수많은 노동자가 고용 기회를 위협받을 위기에 직면해 있다. 이는 곧 디지털 혁명이 결국 고용을 파괴하고 인간의 노동력을 박탈하여 우리를 실직자로 만들게 될 것인가의 문제이다. 현재 존재하는 상당수의 일자리는 향후 30년 이내에 소멸될 것이다. 또 다른 직업이 생겨난다고 하더라도 완전 고용은 장밋빛 환상에 불과하다. 과연 노동 시장의 미래는, 인류의 부는 어떻게 될 것인가.

　이런 사회·경제적인 흐름은 거스를 수 없는 현상이다. 초생산성으로 인해 사람의 일자리는 인공지능 로봇으로 대체되는 영역이 점점 늘어날 것이고, 사회적으로 부는 엄청나게 늘어날 것이다. 그리고 그렇게 늘어난 부가 일부에게 집중되는 현상은 더욱더 커질 것이다.

여기에 블록체인이 말하고자 하는 사회·경제적인 철학이 존재한다. 초생산으로 인해 확보되고 증가되는 사회적 부를 많은 참여자에게 공유하고 분배하는 철학적 가치를 사회적으로 실현해야 할 시점이라는 것이다.

일자리는 새롭게 변모하고 있다. 우리가 현재 영위하고 있는 일자리는 인공지능 로봇으로 대체되고 앞으로 인간이 수행해야 할 일자리는 또 다른 형태이자 새로운 정의가 되어야 한다.

가치는 근본적으로 사회적이라는 명제를 떠올릴 때, 가치 창출을 위한 인간의 움직임이 일자리이고 이런 일자리는 사회 변화에 따라 근본적으로 가치 창출의 방식 역시 변화한다는 것을 우리는 알아야 하고 이해해야 한다. 사회적 가치 창출의 방식은 시대와 사회의 요구에 따라 변모해 나갈 수밖에 없다. 그런 커다란 시대적 흐름에 의해 블록체인은 새로운 시대 흐름에 적용되어야 할 방식을 우리에게 알려주고 있다.

인간이 취할 수 있는 일자리의 모습은 신체 활동에 의해 생산성을 창출했던 방식에서 지식을 통해 생산성을 창출했던 방식으로, 그리고 이제 인간이 보유한 자체적인 데이터에 의해 생산성을 창출하는 방식으로 변모하고 있을지도 모른다. 즉, 인간이 보유한 데이터 자체가 일자리가 되는 것이다.

일자리의 변화는 사회적 가치 창출 방식의 변화이다. 그러므로 과거와 현재와는 다른 방식으로 인간은 사회적 가치 창출을 할 것이며 일자리의 모양도 크게 변할 것이다.

그 기반에서 블록체인 기술은 사회·경제적 철학에 기반해서 일자리 창출의 변화에 적합한 방식을 우리에게 제시해 주고 있다.

③

구인·구직 과정, 과연 이대로 괜찮은가?

자발적으로 자신의 일을 만드는 창업가가 아닌 이상, 사람들은 어떤 회사에 소속되어 직업이라는 것을 가지게 된다. 그러나 직업을 가지는 과정, 즉 취업의 과정이 정말 제대로 작동되고 있는지에 대해서는 다소 의문이 든다.

표 1 대졸 신입사원이 1년 이내에 퇴사하는 이유(규모·산업별) (단위: %)[3]

구분	규모		산업		전체
	전체 300인 이상 기업	전체 300인 미만 기업	제조업	비제조업	
조직 및 직무 적응 실패	46.3 (46.4)	50.0 (48.2)	48.9 (47.9)	49.5 (47.1)	49.1 (47.6)
급여 및 복리 후생 불만	11.0 (16.1)	23.1 (27.9)	19.9 (23.8)	20.2 (25.5)	20.0 (24.2)

---

3   자료 출처: 한국경영자총협회(2016)에서 인용.

구분	규모		산업		전체
	전체 300인 이상 기업	전체 300인 미만 기업	제조업	비제조업	
근무 지역/ 근무 환경에 대한 불만	22.0 (17.9)	13.9 (17.0)	19.9 (17.5)	7.1 (16.7)	15.9 (17.3)
공무원 및 공기업 취업 준비	4.9 (7.1)	4.2 (3.2)	3.2 (4.7)	7.1 (4.5)	3.9 (4.4)
진학(유학)	9.8 (7.1)	2.1 (1.6)	3.6 (3.1)	5.1 (3.9)	4.1 (3.3)
기타	6.1 (5.4)	6.7 (2.0)	4.5 (3.2)	11.1 (2.9)	6.6 (3.1)
계	100.0 (100.0)	100.0 (100.0)	100.0 (100.0)	100.0 (100.0)	100.0 (100.0)

　　예를 들면, 우리가 취업 과정에서 겪는 가장 큰 문제점은 '채용 정보를 제공하는 내용에서 구직자가 꼭 알아야 할 것들을 제대로 제공하고 있는가?'이다. 채용 정보를 보면 기업의 명칭과 그 기업이 어떤 기업인지가 소개되어 있다. 또한, 어떤 제품 혹은 서비스를 만들고 있고 어떤 기대감이 있는지를 써 놓는 경우가 많다. 그러나 그런 정보들을 잘 살펴보면 기업에서 알리고 싶은 내용 위주인 경우가 많다.

　　어떤 직무의 어떤 인재를 뽑고자 하는 구인공고의 경우도 이와 유사하다. 어떤 직무를 수행할 인재를 뽑고자 하는지에 대한 구인공고의 제목과 이와 연결되어 어떤 직무를 수행할 것이고, 그 직무를 수행하기 위해 필요한 조건(자질)에 관한 내용이 기재되어 있다. 그러나 기재된 직무에 대한 수행 조건을 살펴보면 업무 내용이 명확하지 않고 애매하거나, 혹은 구체적인 업무 내용을 기재하지 않았거나 보편적이고 일반적인 내용 위주여서 정작 구직자는 어떤 업무를 수행하게 되는지 알지 못하고 지원하는 경우가 비일비재하다.

특히 문제가 되는 것은 해당 직무 수행 시 받게 될 급여 수준이 얼마인지, 복지가 어떻게 되는지 역시 중요한 문제임에도 불구하고 경우에 따라 정확하게 명시되지 않고 있다는 것이다.

구직자는 내가 해당 기업에 입사하면 어떤 대우를 받을 수 있는지를 정확히 알아야 한다. 그래야 해당 기업에 입사 지원하면서 중요한 것을 충분히 인지하지 못하고 지원하다 발생할 수 있는 문제를 예방할 수 있다. 충분하지 않은 정보로 인해 구직자는 입사 지원을 남발하게 되고, 합격률은 매우 저조하다.

직무와 처우 조건 외에도, 구직자와 구인 기업 간에 또 하나의 중요한 점은 양측이 서로의 업무 스타일이 적합한지에 대한 사항, 즉 '업무 스타일 적합도 FIT'이다. 오히려 직무 내용이나 처우 조건보다 이것이 더 중요할 수도 있다. 하나의 기업은 세상에 존재하는 불편함을 개선하기 위해 개선하고자 하는 의지와 열정을 보유한 창업자에 의해 탄생한다. 그만큼 그 창업자는 자신이 세운 기업에 대한 애착과 열의가 남다를 수밖에 없다. 그 창업의 과정과 기업을 성장시키는 데 들어간 땀과 눈물은 직장인들이 상상할 수 없는 고난과 역경의 과정이었음이 자명하다.

그런 과정을 통해 창업가는 기업의 문화를 만들어 간다. 기업의 문화는 창업가에 의해 생겨나고 창업가에 동화된 초기 합류자들로 인해 성장해 나간다. 그러므로 조직의 문화는 기업 문화인 것처럼 비춰지지만, 실은 창업가가 생각하는 경영 방식을 미화했다고 해도 과언이 아니다.

구인·구직 과정에서 기업 문화는 매우 중요한 키워드이다. 수많은 직장인이 퇴사하는 가장 큰 이유는 직장 상사 혹은 직장 동료 혹은 부하 직원 등 인적 네트워크에 의해 받은 스트레스로 인해서이다. 인적 네트워크에 의한 스트레스는 업무 관계에서 비롯되는 것처럼 비춰지기도 하지만 대부분의 경우는 조직 문화에 스며들지 못하는 직장인들이 겪는 어려움에서 시작된다고 보는 것이 더 타당하다. 조직 문화에 적응하지 못하는 직장인은 자신도 모르는 사이에 조직에서 아웃사이더가 되기도 한다. 즉, 조직에도 왕따가 존재한다. 이러한 일은 표면적으로 심각하게 드러나지는 않지만 수많은 조직에서 공공연하게 존재하는 문제이다.

이런 스트레스를 겪는 직장인의 대부분은 기간의 여하가 조금 다를 뿐이지 결론은 이직이라는 길로 나아간다. 그러므로 구인·구직 과정에서 기업의 조직 문화와 개인의 성향을 매치시킬 방법을 찾는 것은 더욱 중요한 일이다. 조직 문화에 적응하지 못하는 조직원, 즉 직장인은 1년 혹은 2년 혹은 3년 등 년 단위로 찾아오는 고민을 떨치지 못한다. 그리고 그럼으로써 커리어 관리가 엉망이 되는 경우가 많다.

개인의 입장에서 바라보면 커리어 관리 미숙이자 기업의 입장에서 바라보면 기회비용 손실인 상황, 즉 입사 후 제대로 능력 발휘를 하지 못하고 퇴사하는 상황을 만들지 않기 위해서는 HR의 역할이 매우 중요하다. 그러나 실은 HR을 바라보는 기업 인사 담당자나 경영진의 시각은 이를 중요하게 생각하면서도 뾰족한 방법을 가지고 있지 않다. 인사 평가, 승진, 복지, 교육 등 다양한 노력을 진행하고는 있지만, 과연 얼마나 제대로 채용에 임하는가를 심각하게 고민하는 모습은 부족하다. 기업의 입장에서 인재를 채용한다는 것은 상당히 중요한 영역이다. 그러나 수많은 인재를 채용해야 하는 대기업 입장에서나, 자신들에게 지원하는 인재가 없어서 애로사항이 많은 중소기업 모두 제대로 된 채용에는 큰 애로사항을 겪고 있다.

이처럼 채용 영역에서는 앞으로 풀어가야 할 문제점들이 무척 많다. 또한, 여러 가지 문제점을 풀어낸다고 하더라도 채용의 모든 문제가 원천적으로 해결된다고 할 수는 없다. 그러려면 기업이 망하지 않는 이상 한 번 채용한 인재는 영원히 그 기업에서 머무르면서 최고의 퍼포먼스와 행복감을 동시에 가져야 하는 것이 이상적인 모델이다. 그런데 현실적으로 100% 만족이라고 할 만한 조건은 갖추기 어렵다. 그럼에도 불구하고 우리는 기업과 개인 간의 연결이라는 관점에서 채용의 영역에 대해 좀 더 전문적이고 세분화해서 면밀하게 제공하는 시스템과 그 무엇이 필요하다. 이를테면, 어떤 국가의 기업 100곳에서 1,000명의 인재를 채용하는데, 그 1,000명의 채용 연결이 100%의 최고 만족을 달성하지 못하더라도 50% 혹은 그 이상의 만족을 만들 수 있는 시스템과 솔루션은 필요하다.

앞서 얘기한 대로 이것은 단지 기업에만 좋은 것이 아니라 개인에게도 매우 의미가 크다. 개인이 여기저기 직장을 옮겨 다니는 것보다 최대한 한 곳에서 만족감을 느끼고 자신의 능력을 발휘하며 일한다는 것은 개인에게도 큰 의미가 있고, 기업에도 큰 이익을 가져다주며 사회적으로도 큰 가치 체계 형성이 가능해진다.

결국, 이런 선순환 구조는 얼마나 채용 연결을 잘하느냐에 달려있다고 해도 과언이 아닐 것이다.

그러나 실제로 기업이 채용에 대한 투자를 늘리는 것은 현실적으로 쉽지 않은 부분이 있다. 여전히 국내 창업자들은 회사에 대한 소유권을 강하게 보유하고 싶어 하며 창업자가 만들어놓은 기업 문화에 조직원들이 적응하길 기대하는 측면이 강하다. 조직원들을 동료 혹은 파트너로 보지 않고, 경영에 필요한 부품 정도로 판단하는 경향을 보유한 경영자들도 상당수다. 이런 환경에서 인재를 채용하는 데 많은 시간과 자원을 투여한다는 것은 별로 바람직하지 않은 경영 활동으로 인식하는 경향이 여전히 사회적으로 짙다.

그러므로 이런 입사 지원 과정의 정보는 구직자 측면에서 도움이 될 만한 정보로 채워져야 한다.

물론 이런 요구를 반영하여 신규 서비스들이 속속 나오고 있기도 하다. 많은 직장인이 이용하는 블라인드라는 앱(Application)이 있다. 이 앱은 직장인들이 자연스러운 커뮤니티를 생성하게 만드는 매력이 있다. 그 매력은 '익명'이라는 것에 있는데, 익명이라는 강점을 통해 스스로 자신의 실명을 나타내지 않으면서 사용자들의 참여 유도가 활발하게 이뤄진다. 익명 게시판은 과거 웹 중심의 인터넷 시대에도 있었다. 그것을 블라인드라는 이름으로 모바일 중심으로 옮겨 온 것이다. 즉, 과거에 PC에서 이용하던 익명 게시판을 모바일로 옮겨오면서 직장인들에게 호평을 받은 것이다. 해당 앱에서는 인원끼리 같은 직종과 산업으로 구분되고, 회사 공식 메일 계정을 통해 회원 가입 검증 절차가 이뤄짐으로써 참여하고자 하는 회원이 해당 기업에 실제로 근무하고 있는지를 체크하고 있다. 이런 방식으로 현재 해당 회사에서 직장인으로 활동하는 회원들을 모으고, 실명이 아닌 익명(닉네임)으로 직장생활에서 발생하는 다양한 주제에 대해 의사소통을 하도록 유도하고 있다. 일종의 직장인 해방구를 제시하는 것이다.

또한, 리멤버라는 모바일 앱이 있다. 이 서비스는 직장인들이 사회활동을 하면서 받는 '명함'이라는 것을 쉽게 사진으로 찍어서 보관할 수 있는 서비스이다. 명함이라는 것은 직장인이라면 누구나 소지하고 있는 것이다. 명함을 교환하면서 쌓이는 인적 네트워크는 실로 어마어마하다. 그러나 누구든지 느끼겠지만, 받은 명함을 제대로 관리하거나 소중하게 다루거나 하는 것은 별개의 문제다. 그런 지점을 파고들어서 직장인들 간의 인맥 네트워크를 손쉽게 연결하겠다는 생각으로 서비스를 시작했다고 생각되는 리멤버 앱은 실로 탁월한 선택을 한 듯하다.

직장인들 간의 연결 고리를 만들어서 그들 간의 커뮤니케이션 채널을 제대로 구동시킨다면 실로 뜻깊은 서비스 제공이 가능할 것이다.

사람마다 가치관이 다르므로 다른 기준을 보유하고 있겠지만, 이직을 하는 행위는 사회생활에서 어쩔 수 없이 해야 할 필수 불가결한 과정이다. 이런 이직의 과정에서 앞서 얘기한 블라인드나 리멤버와 같은 앱은 매우 가치 있는 정보를 제공하거나 의미가 큰 '사람 간의 연결'을 제공해 줄 수 있다는 내재적인 가치를 포함하고 있다.

구인·구직 과정에서 발생하는 정보의 소통 부재 혹은 정보 제공의 불균형 문제를 해결하기 위해서는 기업에서 알리고자 하는 기업에 대한 정보뿐만 아니라 실제로 구직자가 알고 싶어 하는 정보들이 알려지고 커뮤니케이션이 이뤄져야 한다. 또한, 기업의 인사(채용) 부서에도 구직자에 대한 실제적인 정보들이 제공되어야 할 필요가 있다. 이런 살아있는 정보들이 상호 간에 소통될 때 서로에게 행복한 결과를 도출할 수 있다.

그런 의미에서 앞서 소개한 두 가지 모바일 서비스는 구인·구직 연결 관점에서 상당한 내재적 가치를 보유하고 있다고 할 수 있다.

인공지능의 추천과 사람에 의한 추천

인공지능으로 면접을 본다는 시도는 그 시도 자체로도 큰 의미가 있다. 인공지능을 도입한 솔루션을 통해 영상으로 컴퓨터가 구직자(사람)의 면접을 본다는 것은 일체의 사적 오류나 사람의 선입견을 배제한다는 측면에서 의미가 크다. 실제로 다양한 면접 현장을 들여다보면 구직자들에 대한 합격 여부 판단은 면접관의 성향에 크게 달려있다고 해도 과언이 아니다. 면접관의 성향이 아니라 객관적 자료에 기반하여 면접관들이 상당히 객관화하여 구직자를 판단하는 면접 현장은 그리 많지 않다. 이는 어느 정도 타당할 수도 있는 문제이지만 ―해당 기업에서 오래 근무하거나 혹은 해당 기업 창업자나 경영자의 경영 의도를 충분히 이해하는 면접관들은 그들의 조직 문화에 적합한 사람인지를 구별하는 것이지, 능력이 있는 후보자를 구별하는 것은 아닐 수도 있다― 객관적 입사 면접 전형이라는 측면에서는 의문을 제기할 수 있다. 따라서 이를 방지하기 위한 방편으로 인공지능을 통해 면접을 진행하는 시도가 있지만, 여전히 인공지능은 수학적인 계산에는 탁월할지는 몰라도 사람의 음성, 얼굴 인식, 감정 파악에서는 문제점을 많이 드러내고 있다. 이런 완벽하지 않은 방법을 그대로 구직자의 면접에 활용한다는 것은 오히려 사람이 면접관으로 참여해서 일으키는 선입견과 개인적인 오류보다 심각성이 더하면 더했지, 줄어들지는 않는다.

다만, 인공지능을 통해 면접을 진행하면서 얻을 수 있는 강점은 수많은 지원자를 일일이 다 면접에 참석시킬 수 없을 경우 서류 전형을 통해 면접 참여자를 구별해 내는 과정에서 화상을 통한 인공지능 면접으로 좀 더 개연성 높은 후보자를 구분하는 데 도움이 될 수 있다는 점이다. 이런 경우, 대규모 지원자들을 면접 과정에서 참여자와 불합격자로 구분해내야 하는 대기업에서는 나름대로 의미가 있는 과정일 수 있겠으나 그 외에 소규모의 지원자를 구분하는 중소기업이나 일정한 직무를 수시로 채용하는 기업에서는 별다른 효익(效益)을 얻지 못할 수 있다.

실제로 인공지능은 면접에 대해 판단을 하지 않는다는 인공지능 기반 면접 솔루션 업체 담당자의 얘기도 확인할 수 있다. 인공지능을 통해 진행되는 면접에서 인공지능은 표정, 음성, 어휘, 맥박을 분석한다고 한다. 하지만 이에 대한 데이터(DATA) 가공과 향후 데이터에 대한 인사이트(Insight)는 사람에 의해 정의된다는 것이다.

이와 동일하게 고려하면 채용의 과정에서 논의되는 인공지능 기술은 아직 극히 일부분에서만 적용 가능하다는 말이 될 수 있다. 인공지능 기술의 단계는 텍스트 분석을 통한 유의미한 데이터 분석 수준인데, 해당 기술은 서류 및 후보자의 직무 적합성을 사전에 알 방법으로 수행될 수 있다.

반면, 후보자와 직접 같은 조직에서 일했던 동료나 상사, 후배 사원들 혹은 직접 같이 공부를 했던 동문과 같은 학습 과정에서의 동료들은 후보자에 대한 성향과 적합도를 인공지능보다 더 정확하게 알고 있을 확률이 높다.

이것은 후보자가 입력하는 텍스트를 통해서 해당 직무 혹은 해당 기업에 대한 적합도를 판단하는 방식보다 후보자를 인지적으로 잘 알고 있을 확률이 높은 주변인(지인)들이 더욱더 적합도를 인지하고 정확한 추천이 가능하다는 말과도 일맥상통한다. 이런 것이 가능한 것은 사람은 자신을 잘 모르는 경향이 있기 때문이다. 실제로 다양한 분야의 전문가들이나 심리학자들의 분석에 의하면 사람은 자신을 잘 알지 못하는 경향이 있다. 일례로, 최고의 지성으로 일컬어지는 유발 하라리(Yuval Noah Harari)도 자신의 저서인 『21세기를 위한 21가지 제언』에서 사람들이 스스로를 잘 모르기 때문에 발생하는 문제를 지적하고 있다. 그는 매년 수백만 명의 젊은이들이 대학에서 무엇을 공부할지 정해야 할 때나, 어떤 직업을 가질지 정해야 할 때 상당한 어려움이 따른다는 문제를 지적한다. 그는 이것이 인간 스스로 자신에 대해 잘 모르는 현상에서 기인한다고 하며, 이로 인해 인공지능의 선택에 사람들이 의존하는 경향이 높아질 수 있음을 경계하고 있다.

이런 주변인(지인)들과의 관계를 활용하여 기업에서 원하는 채용 직무에 추천하는 방식은 공공연하게 오프라인에서 진행되고 있기도 하다. 하지만 이런 오프라인상에서 진행되는 추천은 사람들의 선한 행동에 대한 의지에만 기대게 된다. 사람들은 기본적으로 선한 의지를 보유하고 있으므로 이런 추천 관계는 자연스럽게 발생하기도 하고, 그렇지 않을 수도 있다. 그러나 실제로는 그에 대한 어떠한 책임이나 의무 그리고 권한 등을 정의하지 못하는 것이 현실이고 그렇기에 추천을 통한 채용은 활성화되지 못한다.

추천을 통한 채용을 좀 더 조직화하고 시스템화한다는 것은 이런 방식의 채용을 훨씬 널리 사용하게끔 하는 방법이 될 수도 있다. 즉, 시스템적으로 추천을 통해 구인·구직이 일어나게 하는 것이다. 사람 간의 연결을 통해 더욱더 촘촘한 구인·구직 연결점들이 발생하게 되고, 네트워크의 가치는 기하급수적으로 증가한다는 '메트칼프의 법칙(Metcalfe's law)'에 의해 촘촘한 연결은 더욱더 많은 구인·구직 매칭을 가능하게 만든다. 이렇게 많아진 연결에 의한 구인·구직 매칭은 더 많은 사람과 일자리를 연결하여 일자리를 증가시키는 기능을 할 수 있다.

이러한 메트칼프의 법칙이 현재의 구인·구직 사이트에서는 실현되고 있지 않다. 현재의 구인·구직 사이트는 각자 단절된 데이터 구조를 가지고 운영되며, 특히 구직자가 입력한 정보는 일정한 비용을 지불한 구인자만 열람하게 되어 있어서 단절된 하나의 사이트에서조차 또다른 장애물을 두고 있기도 하다. 메트칼프의 법칙에 준하여 구인·구직 네트워크 효과를 기하급수적으로 증가시키기 위해서는 오픈된 구인·구직 연결이 필요하며 이것을 오픈 구인·구직 커뮤니티라고 칭할 수 있다.

메트칼프에 의하면 통신 네트워크가 확장되면 그 구축 비용은 이용자 수에 비례해 증가하지만, 네트워크 가치는 이용자 수의 제곱에 비례하여 기하급수적으로 증가한다고 한다. 예를 들어, 어떤 네트워크 이용자가 100명인 상황에서 50명의 이용자가 추가될 경우 네트워크 구축 비용은 50% 증가하는 데 그치지만, 그 가치는 10,000(=100의 제곱)에서 22,500(=150의 제곱)으로 125% 증가한다는 것이다.

이를 오픈 구인·구직 커뮤니티에도 그대로 적용할 수 있다. 각각의 구인·구직 사이트에 갇혀 있던 구직자의 데이터와 구인자의 데이터가 하나의 블록체인 오픈 구인·구직 커뮤니티로 들어올 때, 해당 구인·구직 네트워크의 가치는 기하급수적으로 증가할 것이다.

이런 과정은 결국엔 구인·구직 매칭의 가치를 높이고 수많은 커뮤니티 참여자가 훨씬 높은 매칭 결과를 통해 이전보다 행복한 상태가 될 가능성이 매우 커진다.

이렇듯 촘촘한 구직자와 구인자 간의 연결, 즉 네트워크 연결 구축은 매칭의 가능성을 높이는 데 꼭 필요하며 가치를 높일 기회이다.

촘촘한 구직자와 구인자 간의 연결은 사람 간의 연결에 의해 가능해지고, 이런 상황에서는 지인을 통한 구직 추천이 그 사람에게 아주 최적화된 구직 추천이 된다.

일본 리크루트 그룹에서 HR 테크 부문을 책임지고 있는 히사유키

이데코바(Hisayuki Idekoba)는 자신들의 공식 홈페이지에서 다음과 같이 말하고 있다.

"HR 업의 선도자로서 우리 자손들에게 밝은 미래를 선사하기 위해, 우리는 더 빠르고 쉽게 채용 과정을 만드는 것에 의무감을 가져야 합니다. 우리는 마치 나를 아주 잘 아는 친구가 나에게 추천한 것과 같이 구직자들에게 최적의 직업을 찾도록 도와주는 최적의 기술과 서비스를 갖춰야 합니다. 이런 것을 가능하게 하기 위해서는 우리는 연봉 수준이나 기업에서 제공하는 복리후생과 같은 것을 뛰어넘어서 기업에서 실제로 어떤 일을 하는 것인가에 대한 실제적이고 고유한 정보를 수집하는 일을 지속해야 합니다. 우리는 단지 그러한 여정의 시작 단계에 와 있는 것일 뿐입니다. 우리는 그 여정이 매우 긴 여정이 되리라 생각하고 있고, 커다란 목표를 달성하기 위한 노력을 지속할 것입니다."

일본 리크루트 그룹은 약 60년의 업력을 가진 글로벌 최대 HR 기업 중 하나이다. 그들은 미국 소재의 채용 검색 엔진 'Ineed.com'을 약 1조 원 수준의 금액에 인수하였고, 2018년에는 역시 미국 소재의 기업 리뷰 사이트인 'Glassdoor.com'을 인수하기도 했다.

세계 최대 HR 기업 중 하나인 리크루트 그룹의 HR 테크 리더가 인정하는 부분 또한 구직자와 구인 기업을 연결하는 방법에 대해서는 고민해야 할 지점이 많다는 것이다. 특히 그는 나를 아주 잘 아는 친구가 나에게 추천하는 공고와 같은 방식으로 서비스와 기술이 발전해야만 구직자와 구인 기업 간 매칭 기술이 최고의 효율과 효과가 발생하리라는 것을 인정하기도 한다. 현존하는 기술도 매우 뛰어난 수준이지만, 여전히 구인·구직 매칭의 방법에서는 사람의 인지 능력에 기반한 연결이 더욱더 효과적이고 효율적임을 인정하는 셈이다.

기술의 발전은 매우 놀랍다. 이미 여러 해가 지난 알파고와 이세돌 기사의 바둑 대결 이후로 우리는 '테크 마인드'에 사로잡혀 있다고 해도 과언이 아니다. 세기의 대국 이후에 우리는 인공지능이 무엇이든 할 수 있다는 상념에 사로잡혀 있지 않나 싶다. 어떤 곳에 가서든지 인공지능을 모르면 안 되고, 한 해에 인공지능 관련 세미나와 콘퍼런스가 수백 회가 개최되듯이, 온통 신기술의 환상에 사로잡혀 있다 해도 과언이 아니다.

그러나 우리는 또한 인공지능이 모든 것을 해결할 수 없다는 것을 목도하고 있다. 인공지능이 우리의 생활 곳곳에 영향을 주기까지는 상당히 많은 시간이 소요될 것이다. 우리 주변에 인공지능 스피커가 존재하고 혹자는 이러한 인공지능 스피커에 많은 관심을 가지고 있고 자주 사용하기도 한다. 그러나 실제로 사용해 본 사람이라면 알겠지만, 인공지능 스피커가 할 수 있는 분야는 아직 매우 한정적이다. 일정 수준의 상황에서만 말을 이해하고, 질문에 대한 답변 수준은 매우 부족한 상황이다. 또한, 언어 이해에 대한 오류가 여전히 자주 발생하기도 한다. 인공지능의 개발 기간은 상당히 초기 수준이지만, 그 역사까지 매우 짧은 것은 아니다. 이는 곧 그만큼 인공지능의 개발 기간이 상당한 시간 동안 지속되었지만 여전히 풀어야 할 과제들이 많다는 것을 반증하는 것이다.

그럼에도 불구하고 기술은 진보할 것이고 일정한 시간이 흐른 후에는 사람의 기대치를 뛰어넘는 기술로 생활 곳곳에 상당한 영향을 미칠 것임은 분명하다. 단지 현재를 영위하면서 기술 우위의 사고에 너무 몰입하는 것을 경계해야 한다는 것이다.

구인·구직 매칭의 방식도 그런 측면에서 바라볼 필요가 있다.

구인·구직 사이트에서 내세우는 '인공지능 매칭'이라는 말이 있다. 즉, 기술을 통해서 구직자와 구인 기업의 연결을 효율적이고 효과적으로 해 준다는 말인데, 그 결괏값이 얼마나 사용자에게 효과적으로 적용되는가에 대해서는 의문이 있다.

구인·구직 사이트에서 말하는 인공지능 매칭을 단순화시켜 분석해 보면 다음과 같다. 구직자가 등록한 데이터와 구인 기업이 등록한 데이터를 비교 분석해서 연결점을 찾는다는 컨셉에서 출발한다. 먼저 구직자는 구인·구직 사이트에 이름, 연락처, 생년월일, 주소, 성별과 같은 개인 정보를 입력한다. 그리고 이력을 작성하기 위해 출신 학교, 경력 사항, 자격증, 자기소개서를 입력하게 되고, 경우에 따라서는 상훈, 기타 교육 훈련 수료 현황, 스킬(OA, 컴퓨터 활용 능력 등)을 입력하게 된다. 마지막으로 나에게 적합한 기업의 구인공고를 추천받기 위해서 직업을 얻기 위해 희망하는 산업 분야, 희망하는 직무 분야, 신입/경력 구분, 희망하는 근무 지역 등을 선택하게 된다.

반면 기업은 구인공고를 올리면서 우리 기업이 속한 산업 분류와 채용하고자 하는 직무 분류, 신입/경력 구분, 채용하고자 하는 인력의 근무지, 자격 요건, 업무 내용 등을 입력한다. 이처럼 구직자와 구인 기업이 입력하는 입력 데이터를 비교 분석하여 상호 매칭 정도를 구인·구직 사이트가 자체적으로 판단하여 양쪽에게 추천하는 시스템이라고 인공지능 매칭을 단순화하여 설명할 수 있다.

인공지능 매칭은 이런 과정을 통해 이뤄지는데, 이 과정에서는 구직자가 입력한 데이터가 얼마나 잘 입력되었는지, 구인 기업이 입력하는 데이터가 얼마나 잘 입력되었는지가 매우 중요하다. 경우에 따라서는 구직자가 일관성 있게 데이터를 입력하기가 힘들다. 구직자 본인에게 최적화된 진로 설계가 제대로 되어 있지 않은 경우도 있으며 구직자 본인이 원하는 직무가 복수일 경우도 많아서 산업 분류 선택과 직무 분류 선택을 복수로 선택하거나 변경하는 일관성 문제가 존재한다. 이런 문제가 구인 기업에 발생할 확률은 낮지만, 그렇다고 해서 여전히 문제가 전혀 없다고는 볼 수 없다.

이런 측면에서 살펴보면 인공지능 매칭 혹은 데이터 기반 기술적 매칭의 정확도가 얼마나 뛰어날지의 문제가 대두된다. 이 기술은 아직 명확하지 않은 수준에 머물고 있다. 실제 사례에서도 구직자는 구직자대로 매칭되어 추천되는 기업의 구인공고에 대한 만족도가, 구인 기업은 구인 기업대로 등록한 구인공고에 추천되는 추천 구직자에 대한 만족도가 높지 않다. 어떤 경우에는 매우 불만족스러운 결과로 나타나서 아예 매칭되는 정보를 열람하지 않는 경우도 비일비재하다.

반면, 실제 사례에서 보면 일반적으로 헤드헌터를 통한 추천은 평균적으로 성사율이 9% 수준이다(그림 3 참조).

또한, 해당 자료에 의하면 지인 추천은 채용 성사율이 25%라고 한다.

이런 자료에 기반해서 유추해 보면 사람의 시각과 관점이 개입되는 헤드헌터를 통한 구인·구직 연결 방식이나 나를 잘 아는 주변 지인을 통한 구인·구직 연결 방식이 데이터 기반의 기계적인 구인·구직 연결 방식보다 훨씬 효과가 높다는 것을 알 수 있다. 실제로 구인·구직 시장에서 나오는 얘기를 들어 보아도 데이터의 적합성이 아직 부족하다는 것을 말해 주는 사례가 종종 보인다.

그림 3 채용 방법별 채용 합격률[4]

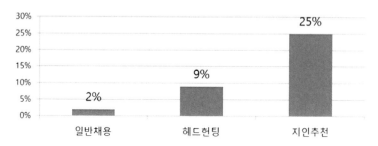

결국, 현재 시점에서 아무리 기술의 진보를 통해 구인·구직 연결 방법에서 인공지능 매칭의 중요성을 강조해도, 여전히 사람을 통한 아날

---

4   자료 출처: 원티드 조사 자료 인용(2017년 7월).

로그적인 연결이 디지털적인 연결보다 뛰어난 성공 결과를 도출하고
있다.

　참고로 모집 형태에 따른 채용 형태 분류에 대한 일반적인 구분은
표 2와 같다. 일반적으로 공개 채용은 대기업을 중심으로 신입사원을
채용할 때 주로 사용하는 방식이다. 인턴도 신입사원을 채용하기 전에
일정 기간 동안 실무 경험을 쌓게 하여 우수한 인재를 정규직 채용으
로 선발하는 방식으로 신입사원 채용 방식에 사용된다.
　반면 추천은 주로 경력사원 채용에 활용하는 방식인데 이 경우 헤드
헌터를 통해 추천을 받는 경우가 있고, 주변 인맥이나 지인을 통해 추
천을 받는 경우도 있다.

표 2 모집 형태에 따른 채용 형태 분류[5]

	모집 경로		
	공개	추천	인턴
시기	정기적으로 진행	특정 분야나 출신의 적격자	현장의 실무경험은 없으나 잠재 능력을 보유한 학생
대상	신규 대학 졸업 대상자 위주	특정 분야나 출신의 적격자	현장의 실무경험은 없으나 잠재 능력을 보유한 학생

5　자료 출처: Ullman(1966), Schlei&Grossman(1983), Breaugh(1992), 정범구, 이재근
　(2002), 안춘식(2004). 이연갑(2009) 참고.

	모집 경로		
	공개	추천	인턴
특징	홍보 매체를 통해 홍보하여, 필기시험 등으로 채용	채용 인원이 적어 모집 공고를 내지 않는 경우 또는 특정 분야나 특정 학교 출신을 필요로 할 때 개인, 학교, 기관 등의 추천을 받아 인력 채용	◎ IMF 이전에는 현장 실습자(student intern)로서 경험을 쌓게 한 다음 시험 혹은 내부 규정 등에 의거하여 일정 자격을 갖추면 정식 사원으로 채용하는 제도 ◎ IMF 이후에는 비정규직으로 끝나는 경우가 급증
장점	사전에 대대적으로 홍보하여 우수한 인재가 확보될 수 있도록 함	◎ 비용 면에서도 낭비를 줄임 ◎ 필요 인력을 보다 빨리 채우게 됨	◎ 기업의 친근감과 신뢰감 조성 ◎ 건전한 기업관 주입 ◎ 우수 인력 확보 및 개인의 기업관과 능력, 인성 등의 파악 용이 ◎ 공채 출신보다 이직률이 훨씬 적음
단점	◎ 순혈주의를 양상, 조직 내 기수 이기주의를 확산시킬 수 있음 ◎ 필기시험의 횟수 또는 전형 순서를 바꿔서 선발할 경우 합격자는 다르게 나타날 수 있음	학연, 지연, 혈연 등 인맥으로 채용이 이루어지기 때문에 지원자의 능력이나 적성이 상대적으로 고려되지 않아 비적임자가 고용될 수 있음	◎ 우수한 인력 확보에만 급급하여 학생 신분의 인턴이 아닌 졸업자 또는 타 직장 경험자들까지 고용 ◎ 부적격자는 채용에서 제외함으로써 「근로기준법」이 정한 3개월의 수습 기간의 연장선상이라는 지적을 받음

다양성이 증가하는 현재의 기업 환경에서는 신입사원에 대한 채용보다는 일정 정도의 경력을 가진 경력직 선호 현상이 뚜렷해지고 있다. 또한, 삼성 그룹의 공채 제도에 대한 유연성 확대도 나타나고 있다. 즉, 과거 산업화 시대와 같은 방식으로 공개 채용을 통해 신입사원을 대규모로 채용하는 방식은 변화하는 시대에 적합하지 않은 방식임을 기업들이 이해하는 추세이다.

이에 따라 경력직이든, 신입직이든 수시 채용이 확대될 것이고, 추천 방식의 채용이 점차 증가할 가능성이 크다. 이미 글로벌 관점에서 보면 외국 기업들은 공채라는 제도가 존재하지 않으며 일정한 기간 동안 인턴 경험을 가진 구직자를 수시 채용하는 방식으로 인력을 채용하는 제도가 정착되어 있다. 글로벌 기업들에서 1년 내내 상시로 채용이 이뤄지는 이유는 이런 이유에 기인한다.

실제로 국내 기업들도 상시 채용에 대한 선호도가 점점 증가하고 있다. 최근 조사에 따르면 일원화된 공채 대신 상시 채용 등 채용 방식을 다양화하는 방안에 대해 긍정적인 의견이 압도적으로 많이 나타나고 있음을 볼 수 있다. 이렇듯 기업에서 채용을 바라보는 관점이나 채용의 방식도 다양화해지고 있다. 이런 시점에 사회적으로 채용 방식에 대한 합의 측면에서 과거의 방법에만 묶여 있지 말고 새로운 접근과 새로운 기술에 대한 접목을 적극적으로 고려해야 한다. 공채 중심에서 수시 채용 중심으로, 신입사원 대규모 채용에서 경력직 사원 소규모 수시 채용 방식으로 변하는 채용 트렌드의 흐름을 우리는 지금 목도하고 있다. 또한, 인공지능에 의한 채용 방식에 대한 제고와 사람 간의 연결 고리에 의한 추천 채용에 대한 방식 역시 새로운 관점으로 고찰해 볼 필요가 있다. 그런 과정에서 인공지능이 대체할 일자리와 새로운 일자리에 대한 개념 정립이 가능하고 그런 일자리를 어떻게 사람과 연결하는 것이 효과적이고 효율적인지를 고찰할 수 있다. 이러한 과정이 중요한 이유는 그런 깊은 고민들이 향후 일자리를 어떻게 확보할 것인가와 일자리의 연속 가능성을 확보할 것인가의 문제와 직결되기 때문이다.

그림 4 일원화된 공채 대신 상시 채용 등 채용 방식을 다양화하는 방안에 대한 의견[6]

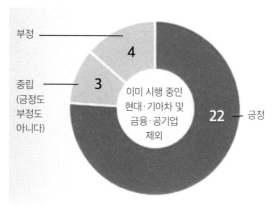

---

6   자료 출처: https://n.news.naver.com/article/020/0003210514

사람의 행위는 그 사람을 잘 아는
빅 데이터(Big-Data)로 표현할 수 있다

빅 데이터의 보편화와 함께 '세상에 존재하는 모든 관계와 활동은 데이터를 활용해 그 특징을 표현할 수 있다'라는 생각이 사람들에게 받아들여지고 있다. 사람들이 가진 본연의 데이터, 즉 개인 신상이라고 일컬어지는 정보들을 통해 사람과 사람 간의 연관성을 찾을 수 있다. 그보다 중요한 것은, 일상생활에서 발생하는 사람들의 활동에 기반하여 다양한 빅 데이터들이 쏟아져 나온다는 사실이다. 일례로, 사람들은 수시로 검색 포털에 방문하여 사회 이슈와 관련한 키워드를 검색하고 찾아본다. 연예인에 관한 기사, 정치에 대한 이슈, 경제적 현상 및 스포츠에 대한 이슈를 수시로 그리고 방대하게 검색한다. 검색에 나오지 않는 내용은 동영상 서비스를 제공하는 사이트에 방문해서 또 다른 검색을 한다. 검색을 통해 본인이 찾고자 했던 키워드에 대한 영상을 검색하고 또 검색한다. 또한 SNS(Social Network Services)에 접속해서 SNS에서 연결된 사람들의 일상을 훑어본다. 여기서 '검색'이라는 말은 크게 의미가 없다. 훑어보는 과정에 SNS 피드에서 발견한 인상 깊은 콘텐츠는 클릭해서 좀 더 자세히 보게 되고, 경우에 따라 '좋아요' 버튼으로 본인의 관심사를 표현한다든지, 댓글을 통해 아주 관심이 있음을 표현한다. 또한, 쇼핑 사이트에 방문해서 필요한 물품이 있는지 검색해 보기도 하고, 쇼핑 SNS에 접속해서 평소에 관심이 있던 품목 리스트나 관심 리스트를 보여 주는 품목에 접속해서 일일이 클릭하지 않고 관심 항목을 훑어본다. 훑어보는 과정에서 관심이 많이 가는 품목에 한해서는 클릭을 통해서 상세한 정보를 열람하기도 한다.

　사람은 잠에서 깬 이후에 다시 잠자리에 들 때까지 수백, 수천 종류의 활동 데이터 로그를 인터넷에 남기고 있다. 이런 데이터 로그, 즉 빅 데이터를 분석하여 그 사람에 대한 성향을 분석하는 유의미한 시도를 할 수 있다. 한 사람이 남긴 빅 데이터를 통해 그 사람과 유사한 데이터 로그를 남긴 사람들 간의 연관 관계를 확인할 수 있고, 그런 연관 관계를 통해 유사한 성향의 사람들을 연결하는 연결 지도를 만들 수 있다. 특히 사람들은 특정한 목표를 보유하고 방문하는 쇼핑 사이트와 같은 물품 구매의 목적이 아닌 경우에는 검색의 성향이나 도서 구매의 성향, 그리고 SNS에서 나타내는 좋아하는 것들에 대한 수치를 통해 일정한 수준으로 그 사람에 대한 성향을 수치로 데이터화할 수 있는 기록들을 쌓고 있기도 하다.

　이렇게 쌓인 데이터는 그 사람을 대변하는 일종의 빅 데이터로써 활용 가치가 높다. 데이터에 대한 분석을 어떻게 하느냐의 관점으로 생각해 보면 쌓인 데이터를 통해 사람의 성향을 도출하고 커리어에 관련된 정보를 취득하는 것은 쉽지 않은 과정임이 틀림없다. 하지만, 반대로 고려해 본다면 그 데이터만큼 그 사람을 잘 나타내는 것은 없을 것이다.

일상에 흩어진 데이터를 통해 그 사람의 성향을 분석하고 그 사람의 성향에 적합한 직무와 산업을 도출해 낸다면 그 사람이 알지 못했던 자아를 발견하여 적합한 일, 즉 커리어 관리에 큰 영향을 줄 수 있게 된다. 사람은 스스로를 평가하지 못한다. 항상 주변에 나에 대해 질문을 던지는 것도 그런 맥락에서 비롯된다.

실제로 구인·구직 현장에서 구직자들은 자신의 커리어 관리에 상당한 애로사항을 호소하고 있다. 특히 학교를 졸업하고 첫 번째 직장에 입사하고자 하는 사회 첫 진입자들인 신입 구직자는 그러한 현상이 더욱더 두드러지게 나타난다. 이러한 커리어 관리에 대한 애로사항은 자연스럽게 전문가의 도움을 호소하는 것으로 이어지고, 이에 따라 취업 준비 방법을 알려주는 취업 사교육 시장이 생기고 그 시장이 점차 커지고 있다.

선호하는 대학 진학을 위한 대학 입학 사교육 시장과 같이 취업 사교육 시장은 일단 신입 구직자들에게 선호하는 대기업 입사 준비 방법을 알려주고 있다. 대기업 입사에 필요한 자기소개서 작성법과 직무적성검사를 잘 보는 방법, 면접을 잘 보는 방법, 그리고 최근에는 공공기관·공기업 입사에 필수로 도입되는 NCS(National Competency Standards, 직무기초능력검사)를 잘 보는 방법까지 등장하고 있다. 진로 교육 과정에서 나타나는 사교육 시장이 취업을 위한 방법을 알려 주는 시장으로 확대·재생산되는 것이다.

신입 구직자를 대상으로 하는 시장만 존재하는 것이 아니다. 경력자들은 자신의 커리어 관리에 애로사항을 겪게 됨으로써 자신의 커리어를 관리해 주는 커리어 코치를 만나게 된다. 커리어 코치는 전직이나 이직에 대한 직장인들의 고민을 좀 더 전문적인 관점에서 상담해 주고 마음의 안정을 찾게 해 주는 역할을 한다.

이렇듯이 신입 구직자나 경력자 할 것 없이 자신의 커리어 설계나 관리에 대해 모든 직장인은 큰 애로사항을 겪고 있다.

커리어 코치의 영역도 필요하겠지만, 좀 더 기술적인 적용에 의한 커리어 관리도 필요하다. 커리어 코치가 할 수 있는 역할은 매우 제한적일 수밖에 없다. 신입 구직자들에게 선호하는 기업인 대기업이나 공기업(공공기관)에 입사하는 방법을 알려주는 취업 사교육은 그나마 그 자체로 의미가 있다고 할 수 있다. 그렇지만 그 외에 구직자가 겪는 진로 설계나 커리어 관리에 대해 실질적인 도움을 주기는 어렵다. 물론 개인이 겪는 감정적 어려움을 다소 완화해 주는 역할은 하겠지만, 구직자가 스스로 헤쳐나가야 할 커리어 개발과 관리를 옆에서 바라봐 주고 독려하는 수준에 그친다.

그러나 구직자 개인이 쌓은 빅 데이터는 구직자에게 어떤 직업이 더 적합한지 수치를 통해 가이드를 줌으로써 커리어 코치가 제공하지 못하는 또 다른 중요한 코치를 제공할 수 있다.

앞서 설명한 대로 사람들은 디지털 족적을 많이 남긴다. 디지털 데이터는 그 사람을 대변할 수 있다. 물론 남겨진 디지털 데이터는 해당 사람에게 필요한 미래를 예측하기 위해 사전 동의를 마친 후에 활용되어야 한다. 그런 동의 과정을 거쳐 그 사람이 남긴 디지털 족적, 즉 디지털 데이터를 활용해서 그 사람이 앞으로 어떤 길을 가야 할지 사전에 예측해 주는 서비스를 제공할 수 있다.

일례로, 한 사람이 프로야구의 한 팀을 20년 이상 열심히 응원하고 있고, 그에 관련된 팬클럽에 열심히 참여하고 있다고 하자. 또한, 그가 팬클럽과 관련하여 커뮤니티를 적극적으로 운영하는 운영진에도 참여하고 있다고 한다면 그 개인은 관계 지향적인 성향을 보유하고 있을 가능성이 매우 크다. 따라서 그 사람은 관계 지향적인 직무 혹은 직업에 적합도가 있는 성향이 도움이 되는 방향으로 직업 선택 가이드를 제공해 줄 수 있다. 물론 이와 같은 사례는 매우 단적인 사례이고, 그 이면에는 개인의 행동 로그에 관한 다양하고 심도 있는 깊은 분석이 필요하겠지만, 여기서 중요한 것은 사람이 남긴 디지털 데이터를 통해 충분히 그 사람의 성향을 분석하여 적합한 직무와 직업을 안내할 수 있다는 사실이다.

시대는 점점 모든 것이 디지털화되고 있다. 지금도 우리는 디지털 세상에 수많은 데이터를 매일, 매시간, 매초마다 남김으로써 존재를 인식하게 되는 디지털 인간으로서 살고 있다.

아날로그 시대는 저물고 있고 우리가 모르는 사이에 점점 디지털 시대가 도래하고 있다. 아날로그 시대에서처럼 내가 작성한 서류를 통해 입사 지원을 하고 서류 전형과 면접을 보는 시대는 이제 저물고 있을지도 모른다. 또한, 내가 작성한 기초 자료를 기반으로 커리어 코치에게 나의 첫 직업이나 직장 선택에 도움을 받고 나의 이직에 대해 의견을 구하는 방식 역시 조만간 없어질지도 모른다. 이런 방식으로 진행되던 아날로그 방식은 저물고, 내가 남긴 디지털 세상의 족적을 통해 나의 성향을 확인하고 그 성향에 적합하게 짜인 직무와 직업을 통해 자아를 더욱더 정확하게 실현함으로써 직무 만족도와 직업 만족도를 높여가는 시대가 우리 앞에 도래하고 있다. 이런 시대적 흐름과 요구 사항을 알고 이에 적합한 리크루팅 전문 서비스를 제공해 줘야 한다. 물론 모든 것이 디지털화가 되지는 않을 것이다. 특히 사람을 평가하고 판단하는 구인·구직 영역에서는 모든 것을 디지털로 획일화하여처리하는 것은 불가능하다. 구인·구직 과정은 사람과 사람 간의 느낌과 소통을 통해 사람의 판단이 꼭 필요한 영역이다. 다만 여기서 얘기하고자 하는 것은 사람들이 스스로 판단하기 어려워하는 커리어 혹은 직무와 직업에 대한 방향 설정을 그 사람이 여태껏 쌓아온 디지털데이터 분석을 통해 좀 더 성공적인 가능성이 큰 쪽으로 방향 제시가가능하다는 것이다. 오히려 제대로 된 전문가에게 방향 설정에 도움을받지 못하는 경우라면 이런 방식의 적용이 꼭 필요하다. 각 개인이 쌓은 다양한 빅 데이터는 그 개인의 성향을 나타내는 자료이다. 이런 빅데이터를 잘 확보하고 데이터 사이언스 관점으로 분석하면 진로 설계와 커리어 관리에 매우 유용한 자료가 될 것이 자명해 보인다.

페이스북 VS 구글
- 사람의 빅 데이터 소유권에 대한 질문

　페이스북은 수십억 명의 사람들을 연결해 주는 서비스이다. 구글과 같이 웹 페이지, 인터넷 문서, 인터넷 사이트를 연결해서 검색 링크 알고리즘을 개발하는 것과는 다르다.

　페이스북은 사람 간의 연결을 위한 것이다.

　즉, 인터넷의 본격적인 개발과 성공을 바탕으로 수많은 웹 페이지가 인터넷상에 펼쳐지게 되었고, 사람들은 그렇게 수많은 웹 페이지를 일일이 방문하는 것이 불가능하게 되었다. 이것을 제대로 찾아주는 일을 구글이 대신하면서 광고를 유치했다. 사람들은 이제 웹 페이지 검색을 위해, 콘텐츠 검색을 위해 구글에서 검색하며 그 대가로 구글에 유치된 기업 광고, 제품 광고, 서비스 광고를 봐야 한다. 구글은 이런 광고를 통해 매출을 올리는 구조이다. 구글에서 하는 것은 다 이런 방식이다. 최근에 각광받는 유튜브도 동일하다. 구글은 이미 웹 문서, 즉 텍스트와 이미지를 넣어 웹 페이지를 만드는 방식인 웹사이트와 웹 문서가 인터넷의 중심 콘텐츠였던 시대에서 사람들이 올리는 동영상 콘텐츠가 중심인 시대로 옮겨갈 것을 알고 있었다. 그렇게 미리 시대를 예측하고 그 당시에는 수익도 나지 않던 유튜브를 엄청난 금액으로 인수했다. 현재에도 얼마나 수익이 나는지에 대해서는 이견이 있긴 하지만 어찌 되었건 인터넷에 돌아다니는 사람들의 시간을 지배하는 구조를 유튜브를 통해 만들어 냈다. 사람들은 자신이 관심 있어 하는 동영상 콘텐츠를 검색하고 소비하기 위해 유튜브에 방문하고 그 대가로 유튜브에 등록된 광고를 시청하게 된다. 사람들의 시간을 지배하고 광고를 소비하게 하는 전략이 가장 본질적으로 서비스의 이면에서 작용하고 있는 것이다.

페이스북은 사람과 사람 간의 연결을 통해 일상을 공유하게 하면서 광고를 유치하는 전략을 쓴다. 검색하는 방법에서 사람들의 일상을 공유하는 시대로 생각을 전환한 것이다. 그렇지만 여전히 인터넷에서는 수도 없이 많은 웹 페이지가 생성되고 있다. 즉, 웹 페이지는 기업이나 단체 개념에서 탄생하는 측면이 크다. 그러나 사람 간의 연결이 어려운 이유는 자신만의 콘텐츠를 쉽게 생성하고자 하지 않기 때문이다. 물론 사람들의 성향이나 지역적인 특색을 바탕으로 만들어진 각 국가에 속한 국민의 성향에 따라 큰 차이가 존재하기도 한다. 미국, 유럽과 같은 개방적인 문화를 가진 국가들의 사용자들은 자신의 콘텐츠를 잘 표현하고 잘 나타내는 경향이 높은 반면, 한국, 일본, 중국과 같은 아시아에 속한 국가들의 사용자들은 자신의 콘텐츠를 생성하고 표현하는 데 상당히 인색하고 수줍어하는 성향이 짙다.

어떤 특성을 보유하느냐에 따라 표현의 정도는 상당히 다르다. 그런 특성에 더하여 여행, 맛있는 음식, 멋있는 일상, 멋진 카페 등 일상적인 콘텐츠는 공유하고자 하는 의사를 사용자들이 그런대로 쉽게 가질 수 있지만, 정작 자신을 잘 표현할 수 있거나 제대로 표현할 수 있는 콘텐츠인 능력, 스킬, 직무, 직업, 학업, 개인 정보와 관련해서는 공유하는 것을 쑥스러워하거나 극도로 꺼리는 경향이 짙다.

어쨌든 이처럼 구글과 페이스북이 추구하는 방식은 다르다.

구글은 사람들에게 정보의 탐색 욕구를 자극하면서 사람들의 시간을 지배하고, 페이스북은 다른 사람들과의 관계 욕구를 자극하면서 사람들의 시간을 지배하는 전략을 통해 사람들에게 광고를 내보내는 방식으로 비즈니스를 영위하고 있다.

사람들은 세상에 대한 궁금증을 항상 가지고 살고 있다. 어떤 정보들이 나에게 필요한지 고민하고 검색하며 어떤 사람들이 나에게 영향력을 미치는지와 미칠 것인지를 끊임없이 알고자 하는 욕구를 가지고 있다.

그런 관점에서 보면 페이스북이 취하는 방식은 매우 독특하고 좀 더 효율적이라고 얘기할 수 있겠다. 페이스북에서는 서로 연결된 사람들이 제공하는 다양한 정보들이 쏟아진다. 나는 페이스북을 통해 나와 연결된 사람들의 일상을 공유받기도 하지만 그들이 알려주는 정보도 취득하게 된다. 물론 내가 궁금해하거나 찾고자 하는 정보들은 아니지만, 사람들은 나와 연계된 사람들이 제공하는 정보에 대해서는 일면 관심이 있어 하는 경향이 짙다.

또한, 사람들에게 점점 주관성이 결여되는 측면도 살펴봐야 한다. 사람들은 다양한 기술의 편리성으로 인해 기억에 애를 먹고 있다. 심지어 딸아이의 연락처나 결혼기념일 혹은 부모님의 생일을 기억하지 못하는 경우도 많다. 모든 것이 인터넷에서 제공되는 다양한 'TOOL(기제)'로 해결되기 때문이고, 한편으로는 인터넷에 접속하여 검색하면 되기 때문이다. 이런 경향이 점점 짙어지면서 사람들은 주관적인 선택이나 판단에 상당히 애로사항을 느끼는 경우도 깊어지고 있다.

이런 어려움들 때문에 페이스북에서 연결된 아는 사람들이 제공하는 정보에 대한 의존도가 높아지는 경향이 나타나게 된다. 나와 연결된 사람들이 관심 있어 하는 정보를 보면서 나도 만족스럽다는 느낌이 들게 되는 것이다. 실제로 페이스북에서 나와 연결되어 있고 다양한 정보에 대한 링크를 올리는 사람들의 피드는 계속 보게 되고 링크를 클릭해 보는 경향이 매우 높게 나타나고 있다.

그림 5 2016~2017 SNS(소셜 네트워크 서비스) 이용 추이 및 이용 행태 분석[7]

---

7 자료 출처: KISDI.

정보통신정책연구원의 조사에 따른 SNS를 사용하는 이용 추이 및 이용 행태 분석 자료를 인용해 봐도 페이스북을 활용하는 사용자의 비중이 2016년보다 2017년에 더 사용빈도가 높아진 것을 볼 수 있다. 이것은 페이스북이 사용자들의 시간을 더욱더 확보하고 있다는 것이다.

이런 상황에서 페이스북은 사람들의 연결을 통해 사람들 간의 연결 관계를 설정하고 그들이 생산하는 콘텐츠를 모아주며 또 다른 측면에서 그들에게 스스로 모은 콘텐츠를 소비하게 한다. 그리고 그 중간에 광고를 게재하여 큰 매출을 올리는 구조로 운영되고 있다.

이 얼마나 영리하고 현명한 비즈니스인가?

유튜브와 페이스북이 사람들에게 사랑받는 플랫폼으로 성장하는 것은 사람들의 욕구가 변화하고 있고 시대의 흐름이 변화하고 있다는 반증이다. 즉, 개인이 생산하는 콘텐츠가 더욱 중요한 시대로 점점 변해가고 있다. 일례로, 텔레비전에 방영되는 다양한 엔터테인먼트 프로그램들을 보면 개인들이 생산해내는 콘텐츠 중심으로 추세가 흘러가고 있다. 특히 유튜브와 같은 1인 미디어 방식으로 콘텐츠를 제작하는 거대 방송사들이 너무나도 많아지고 있다. 개인들이 생산해내는 콘텐츠가 무엇보다 중요해지는 시대로 변하고 있는 것이다.

이런 관점에서 페이스북이 발전하는 방향은 의미가 크다. 페이스북은 인스타그램 인수와 왓츠앱 인수에 거대한 자금을 투입했는데, 점점 개인화되고 빨라지는 개인 공급형 콘텐츠 유통 시대를 대비하기 위한 다양한 포석으로 보인다. 개인이 생산해내는 개인 공급형 콘텐츠 유통 시대에 더 적극적으로 대비하겠다는 것이다. 이런 측면에서 바라보면 개인 공급형 콘텐츠 시장은 향후 더욱더 성장할 수밖에 없다. 그것은 시대적인 흐름이기 때문이다.

최근의 공유 경제도 이러한 개인 공급형 콘텐츠 시장을 확장하는 시대적인 흐름 중의 하나의 현상이라고 봐도 무방하다.

그림 6 2011~2017 미국 SNS(소셜 네트워크 서비스) 이용 추이 및 이용 행태 분석[8]

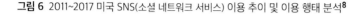

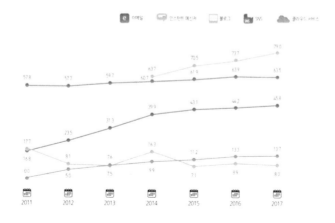

---

8 자료 출처: KISDI.

그림 7 Number of social media users worldwide from 2010 to 2021(in billions, 전 세계)[9]

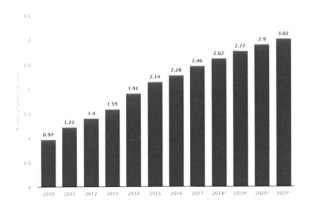

그림 8 국내 SNS 앱 이용자 수 비교[10]

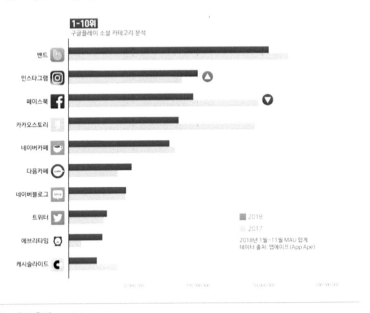

---

9 자료 출처: statista.

10 자료 출처: 앱 에이프(App Ape).

그림 9 SNS 가입 현황(국내)[11]

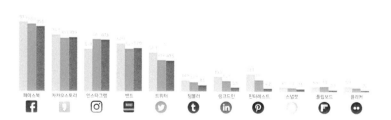

자료를 보더라도 전 세계적으로 SNS 사용자 수는 2018년의 약 26억 2천만 명 수준에서 2021년에는 약 30억 2천만 명으로 매년 사용자 수가 증가할 것으로 예측되고 있다.

국내의 SNS 사용자 현황을 보면 페이스북과 인스타그램의 사용 빈도는 여전히 높게 나타나고 있고, 높은 연령층에서 사랑받는 밴드의 사용자 수가 가장 높게 나타나고 있다. 전통적인 SNS인 카페, 블로그는 점점 사용자 수가 정체되거나 감소하는 반면, 신규 SNS의 사용량은 점점 증가하는 것으로 분석된다.

결국, 이 자료들은 새로운 SNS에 대한 사용자의 의존도가 높아지고 있고, SNS가 사용자들의 시간을 지배하는 힘이 늘어나고 있음을 증명하고 있다. 사람들의 인터넷 사용 패턴 그리고 이에 의한 디지털 데이터 확보와 분석이 점점 SNS를 통해 확보되어야 할 필요가 높아지고 있음을 나타낸다.

SNS를 통해 생산되고 확대되는 개인의 데이터는 기하급수적으로

---

11 자료 출처: DMC Report.

증가하고 있다. 이것은 소셜 빅 데이터(Big-Data)의 출현이며 이미 수많은 기업에서 소셜 빅 데이터를 분석하여 상업과 광고에 활용하고 있다. 이런 연장선에서 소셜 빅 데이터를 활용하여 구인·구직 영역에까지 적용하는 것은 의미가 크다. 앞서 언급한 대로 개인이 남긴 디지털 데이터의 총량은 오히려 개인이 자신을 아는 것보다 그 개인을 더욱더 잘 대변해 주기 때문이다.

소셜 빅 데이터가 활성화되는 또 다른 측면의 관점은 개인의 데이터 주인의식에 대한 사회적 관점과 합의에 대한 고민이다. 이미 넘쳐나는 개인 데이터를 어떤 특정한 기업 혹은 기관에서 통제하고 컨트롤한다는 것은 일면 합리적인 방식이 아닌 듯하다. 과거 구글 시대에 통용되었던 데이터 검색은 기업이나 기관에서 생성한 웹 페이지 간의 연결 고리를 분석하여 검색을 제공하는 것이다. 그러나 SNS를 사용하는 시간이 많아지고 확장의 속도가 빨라지면서 개인에 대한 소셜 빅 데이터가 구글에서도 넘쳐나고 있다. 이런 데이터에 대한 주도권과 통제권이 과연 누구에게 속하는 것이 정당한 것일지 고민해야 할 시점인 것이다.

이런 개인에 대한 경험을 나누는 데이터 소유권과 통제권에 대한 문제 제기는 데이터 소유에 대한 분권화를 주장하는 블록체인 생태계의 철학으로 발전하고 있다.

구글이 웹 페이지 검색을 통해 사용자들의 시간을 지배했다면, 페이스북으로 대변되는 SNS는 개인 간의 일상 공유와 연결을 통해 사용자들의 시간을 지배하고 있다. 이러한 시대적 흐름과 변화에 따라 과거에 생성되는 웹 데이터와 현재의 소셜 데이터 간에는 엄연한 차이가 존재하게 되었다. 과거 웹 데이터는 누구의 소유라고 할 만한 명확한 구분을 하지 않아도 될 수준이었지만, 현재의 소셜 데이터는 개인의 데이터가 주를 이루기 때문에 누구의 소유인지 명확한 구분이 가능하다.

그러므로 소셜 빅 데이터를 SNS를 제공하는 SNS 제공 플랫폼이 소유하고 통제하는 것이 적합한가에 관한 의문이 커지고 있다. 이제 이를 명확하게 정해야 할 시기에 도달한 것이다.

7

비즈니스 연결을 위한 SNS 사용

SNS 중 비즈니스 목적으로 사용되는 링크드인은 최근 국내 사용자들의 신규 가입 수가 눈에 띄게 떨어지고 있음을 볼 수 있다. 하지만 사용자들이 느끼는 SNS 이용 이유를 보면 아직 작은 수치이지만, 외부 전문가와의 인맥 및 교류를 원하는 욕구가 높아지고 있음을 분석 자료를 통해 확인할 수 있다. SNS 이용 이유로는 친구, 지인과 인맥 및 교류를 하고 싶은 욕구가 가장 높게 나타나고 있지만, 이러한 인맥 및 교류를 전문적인 비즈니스 연결로까지 고려하는 비중이 점점 증가하고 있다는 것이다.

이렇듯 사람은 주변 사람들과 연결하고자 하는 욕구가 강하다. 그런 점은 기존의 전통적 SNS인 카페와 블로그가 있었음에도 불구하고, 이런 서비스가 사람들의 다양한 욕구와 요청을 충족시켜 주지 못하기 때문에 다양한 신규 SNS가 탄생하게 된 배경이기도 하다. 새로운 SNS가 쏟아져 나오면서 사람들은 점점 더 다양한 교류를 통해 주변 사람들과 다양한 소통과 연결을 원하고 있다.

그럼에도 불구하고 여전히 사람들의 교류와 연결은 개인적인 사생활과 관심사 정도에 머물고 있다. 다만 외부 전문가와의 연결과 교류를 원하는 욕구도 점점 상승하고 있음을 간과할 수는 없다. 자본주의에 입각하여 바라봐야 하는 경제적 동물인 인간은 자신에게 경제적으로 도움이 되는 행동과 상황에 대하여 상당히 큰 관심을 보여 주는 경향이 나타난다. 일례로, 미국의 한 경제학자의 분석에 의하면 경제적으로 상위 계층의 미국인들은 다양한 사교 행사가 그 기반이 된다는 분석 자료가 있다. 미국에서는 다양한 파티가 많이 열린다. 이런 다양한 파티에 참여하는 사람들은 일반적으로 경제적인 풍요를 확보한 사람들이며 이들이 파티에 참여하게 됨으로써 경제적 풍요를 더욱 증진시킨다는 조사도 있다. 이것은 파티를 통해 다양한 인맥 관계를 맺고 다양한 연결과 교류를 할 수 있게 됨으로써 자신의 경제 활동 반경이 더 넓어지고 다양해지면서 더 큰 경제적 성취를 이룰 수 있다는 것을 반증하고 있다.

비단 이러한 오프라인상에서 이뤄지는 사교 모임이나 파티뿐만 아니라 이런 관계는 온라인으로도 확장될 수 있다. 또한, SNS를 사용하는 사용자들의 욕구를 분석해 봐도 그런 클루(Clue)를 얻을 수 있다.

즉, 사람들은 어떤 방식으로든 연결되기를 원하고 있고 그렇게 하기 위해 상당히 많은 에너지를 투입하고 있다. 또한, 그렇게 상당히 많은 에너지를 투여하는 사람들이 경제적인 이득을 챙기는 경우가 많다. 이런 보편적인 상황에 준거하여 시대적인 흐름을 접목하여 SNS가 활성화되고 있는 것이다.

이런 방식으로 경제적 교류를 효과적으로 하려는 방편으로 링크드인과 같은 비즈니스 목적에 의한 SNS가 생겼고 5억 명 이상의 사용자들이 방문하는 서비스로 성장하고 있다.

그런데, 그럼에도 불구하고 유독 링크드인의 서비스는 국내에서 맥을 못 추고 있는 게 현실이다. 왜 그런지를 살펴보면 국내 직장인과 전문직에 있는 사람들이 무엇을 원하는지 살펴볼 수 있을 것이고 사람 간의 연결을 통해 경제적 교류를 효과적으로 하기 위한 방법을 제시할 수 있다.

그림 10 SNS 이용 이유[12]

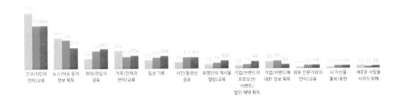

그림 10에서와 같이 사람들은 친구, 지인과 인맥을 만들고 교류하기 위해서 SNS를 사용한다는 비중이 가장 높게 나타난다. 개인의 사생활과 관심사에 대한 공유나 뉴스와 같은 정보 획득에 대한 목적도 있지만, 친구, 지인, 가족, 친척, 유명인, 외부 전문가와의 교류를 원하는 것이 대체적인 SNS의 사용 이유이다.

---

12 자료 출처: DMC Report.

반면 이런 사람 간의 연결 관계를 비즈니스적 연결로 확장한 링크드인은 앞서 얘기한 대로 5억 명 이상의 사용자가 등록된 서비스이다. 그럼에도 불구하고 유독 한국에서는 링크드인의 서비스가 활성화되지 못하고 있다.

그렇다면 왜 링크드인이 국내에서 유독 활성화되지 못하고 있는 걸까? 이에 대한 이유를 분석해 보면 다음과 같다.

첫째, 포털 검색을 통한 유입이 적기 때문이다.

해외 검색엔진은 개인 프로필 검색 서비스를 제공하고 있으나 네이버(Naver)나 다음(Daum) 등을 통한 검색에서는 검색 결과가 나오지 않아 유입이 적기 때문이다.

둘째, 글로벌 비즈니스 기반이 약하기 때문이다.

국내 사용자들의 경우, 비즈니스적인 사용 기반이 아닌 단순 채용 위주 사용으로 사용 빈도가 낮아 활성화가 되기 어렵다.

셋째, 국내 정서상 공개 이력서에 대해 민감한 측면이 있다.

국내 구인·구직 사이트의 경우 구직을 위하여 구인자에게 이력서가 노출되지만, 링크드인의 경우에는 전체 사용자에게 노출되기 때문에 구직 사실이 노출될 위험이 있다.

구직이라는 단일 목적에 의해 구인·구직 사이트에 이력서 및 개인 정보를 제공하는 것에 대한 민감도는 상대적으로 낮을 수 있으나, 비즈니스 인맥 확장 및 정보 교류 등의 다른 목적의 가입자 정보가 구인자에게 노출되는 것에 대해서는 상대적으로 민감할 수 있다.

넷째, 학연, 지연 등 개인 인맥에 의한 소개가 많기 때문이다.

우리나라는 경력직 구인·구직 시나 인맥 형성에 있어서 개인 인맥을 통한 소개로 이루어지는 경우가 많고, 비즈니스 인맥 형성에 있어서 소개에 의한 오프라인 만남과 영업 기회 확대가 주로 많이 이루어진다는 특성이 있다.

다섯째, 한국엔 강력한 대체재가 이미 존재하는 측면도 있다.

구인·구직과 관련하여 취업 포털 사이트(사람인, 잡코리아)와 헤드헌팅 등 대체재가 이미 존재하고, 구인·구직 관련 정보 교류 및 커뮤니티와 관련하여 취업 카페, 커뮤니티 등의 대체재가 존재한다. 비즈니스 인맥 쌓기 플랫폼과 관련해서는 다른 SNS(카페, 밴드, 카카오톡 단톡방 등) 등의 대체재가 존재하는 측면이 있다.

링크드인이 국내에서 부진한 이유를 분석해 보면, 포털 검색을 통해 개인 프로필에 대한 유입 기제가 발생할 수 있도록 포털 검색 시에 개인의 일부 프로필 정보가 검색 로봇에 의해 검색되도록 하는 소스를 개발할 필요성이 있다는 결론을 내릴 수 있다.

그렇지만 국내에서는 포털 검색을 통한 개인 정보에 대한 어떠한 검색도 민감한 이슈가 될 수 있다. 따라서 국내 포털은 개인 정보 이슈를 검색에 적용하지는 않을 것이고, 당분간 이런 상황은 유지될 것이다.

또한, 사람 간의 연결에 있어 단순히 구인·구직의 목적뿐만 아니라 비즈니스적으로도 연결이 되어야 하는데, 국내 정서상 아직은 학연, 지연 등 개인 인맥을 통한 소개가 비일비재하므로 이를 어떻게 극복할 수 있는가가 관건이다. 학연, 지연 인맥 관계를 시스템화해서 비즈니스와 구인·구직의 특정한 목적으로 만들기 위한 장치가 필요할 수도 있다.

국내 정서와 문화의 특성상 비즈니스 연결이나 구인·구직 연결을 위해 학연, 지연 등의 인맥을 통하는 것이 쉽지 않기도 하다. 그렇지만 잘 드러나지는 않지만 우리는 이미 학연, 지연 등의 인맥을 통해 비즈니스 연결과 구인·구직 연결을 암암리에 수없이 진행하고 있다. 만약 그런 연결에 의해 소개와 추천이 이뤄졌다고 해도 금전적인 대가를 받고자 하는 욕구가 약한 것 역시 우리나라의 특징이다.

따라서 소개와 추천을 통해 금전적인 대가를 제공하고 좀 더 많은 소개와 추천을 유도할 수 있는 자연스러운 소개와 추천 프로세스가 마련되어야 한다. 그러기 위해서는 개인 정보의 노출에 대한 민감성을 개인들에게 안심시킬 수 있는 기술 구축이 필요하다. 이는 블록체인을 활용하여 블록 데이터 구축과 같은 기술로 실제 사용자들에게 개인 정보 유출에 대한 안심을 제공하는 방안을 고려해 볼 수 있다.

여전히 국내 인터넷(모바일) 사용자들은 다양한 커뮤니티(카페, 밴드, 카카오톡 단톡, 페이스북 그룹 등) 활동에 익숙해져 있고 어떤 방식으로든 온라인상에서 모이고자 하는 욕구가 강해서 다양한 방식으로 유사한 사람들이 모이고 있다. 즉, 한국 인터넷 사용자들의 특성상 쉽게 모일 수 있는 공간을 어떻게 제공해 줘야 하는지를 사용자 관점에서 심각하게 고려해야 할 필요가 있다.

지금까지 제공되어 온 커뮤니티, 구인·구직 사이트는 사람 간의 비즈니스 연결이나 구인·구직 연결에 대한 좀 더 효과적인 해답이라고 보기는 어렵다. 커뮤니티는 단지 일상적인 대화를 나누는 장소이고 구인·구직 사이트에는 채용 광고만이 존재하기 때문이다. 커뮤니티와 구인·구직 사이트의 특성을 잘 조합해서 미국의 링크드인이 제공하는 비즈니스 연결과 커리어 기회 확대에 대한 가치를 효과적으로 제공하는 방법에 관해 연구해 보면 사회적으로 그 의미가 크다고 할 수 있겠다.

사실 이런 추세는 기성세대로 일컬어지는 1970년대생 이전까지의 문화적인 태생으로 인해 발생했다고 할 수 있다. 1980년대 중후반부터 1990년대생의 젊은 층이 취업과 창업의 생태계에서 주류가 되어 가는 현재에 과거의 문화적 패턴을 그대로 적용하긴 힘들다. 젊은 창업가를 시대적 측면에서 바라보면 사회적 우상으로서 인식되고 있고, 실제로 수많은 젊은 창업가가 기업가 정신으로 무장하고 창업에 뛰어들고 있다. 이들은 단순히 창업 전선에 뛰어들기만 하는 것이 아니라 실제로 자신의 능력 발휘를 통해 짧은 기간 내에 기업을 성장시키고 대규모 투자를 유치하는 사례들이 점점 많아지고 있다. 성공한 젊은 창업가가 세운 기업에는 새로운 경력자들이 몰리고, 기업의 성장과 함께 점점 더 많은 경력자가 필요하게 되는 구조이다. 이런 흐름에서 젊은 경력자들이 직장인이라는 개념을 바라보는 시각은 기성세대로 통칭할 수 있는 4050 이상의 세대와는 다른 시각인 것은 부정할 수 없다. 이들은 자신이 보유한 전문적인 역량과 스킬을 중요하게 여기며 직장인으로서 조직에서의 능력 발휘를 중요한 철학으로 갖고 있기도 하지만,

개인의 삶 자체의 풍요로움을 중요하게 여기는 것을 직장생활의 큰 부분으로 인식하고 있기도 하다.

　이러한 젊은 직장인들의 출현은 단절된 사람 간의 연결에 의한 비즈니스적 교류를 더욱 증진시킬 개연성이 매우 크다. 그러므로 단순히 과거에 오프라인 인맥 관계에 의해 이뤄지던 비즈니스 연결이 앞으로 다가오는 새 시대에서는 온라인과 네트워크를 통한 연결이 더욱더 자유롭고 편안하게 이뤄질 것이다. 많은 사람이 인터넷과 와이파이로 커뮤니케이션하게 됨으로써 음성으로 의사소통하는 비중이 줄어들고 있다. 즉, 카톡이나 인터넷 메시지 서비스를 통한 소통이 더욱더 활발해지고 있으며 전화를 통한 소통의 비중은 줄어드는 추세이다. 이런 시사점을 통해 살펴보면 그 결론은 다음과 같다. 사람들은 점점 단절되고 고립되고 있다. 사람들을 연결시켜 주는 것은 더 이상 파티나 동호회 모임과 같은 오프라인 모임이 아니라 온라인에서의 연결이다. 이런 시대적 흐름으로 인해 비즈니스 연결 또한 오프라인 중심에서 온라인 중심으로 점차 이동해 갈 것이 자명해 보인다.

인간의 욕구 5단계와
산업혁명에 따른 일자리 변화

일찍이 매슬로(Abraham Harold Maslow)는 인간의 욕구를 5단계로 분류했다. 매슬로가 인간의 욕구를 5단계로 분류한 것은 그 의미가 깊다.

매슬로의 욕구 단계설(Maslow's hierarchy of needs)은 인간의 욕구가 그 중요도별로 일련의 단계를 형성한다는 동기 이론의 일종이다.

하나의 욕구가 충족되면 위계상 다음 단계에 있는 다른 욕구가 나타나서 그 충족을 요구하는 식으로 체계를 이룬다. 가장 먼저 요구되는 욕구는 다음 단계에서 달성하려는 욕구보다 강하고 그 욕구가 만족되었을 때만 다음 단계의 욕구로 전이된다.

생리 욕구는 허기를 면하고 생명을 유지하려는 욕구로써 가장 기본인 의복, 음식, 가택을 향한 욕구에서 성욕까지를 포함한다.

안전 욕구는 생리 욕구가 충족되고서 나타나는 욕구로써 위험, 위협, 박탈(剝奪)에서 자신을 보호하고 불안을 회피하려는 욕구이다.

애정·소속 욕구는 가족, 친구, 친척 등과 친교를 맺고 원하는 집단에 귀속되고 싶어 하는 욕구이다.

존경 욕구는 사람들과 친하게 지내고 싶어 하는 욕구로써 인간의 기초가 되는 욕구이다. 자아존중과 자신감, 성취, 존중 등에 관한 욕구가 여기에 속한다.

자아실현 욕구는 자기를 계속 발전하게 하고자 하는 마음으로 자신의 잠재력을 최대한 발휘하려는 욕구이다. 이 욕구는 다른 욕구와 달리 욕구가 충족될수록 더욱 증대되는 경향을 보여 '성장 욕구'라고 하기도 한다. 알고 이해하려는 인지 욕구나 심미 욕구 등이 여기에 포함된다.

이렇게 인간은 하위 단계의 욕구를 채우면 상위 단계의 욕구가 생기게 되는데, 매슬로는 이런 현상을 인간의 자연스러운 현상으로 정의하였다.

매슬로의 욕구 5단계설과 산업의 발전 지형은 많은 부분에서 일치한다. 사람은 생리적인 욕구를 실현하기 위해 다양한 노력들을 해 왔다. 그런 욕구의 실현을 위해 사회적인 변화를 추구했고, 종국에는 사회적인 변화를 통해 이전 시점보다 한 단계 더 넘어서는 과정을 지속해 왔다.

1단계: 생리적 욕구(Physiological Needs)

욕구 단계 이론의 첫 단계는 인간에게 가장 기본이라 할 수 있는 생리적 욕구이다. 즉, 따뜻함이나 거주지, 먹을 것을 얻고자 하는 욕구이다.

이러한 생리적 욕구는 비교적 짧은 시간 내에 반복적으로 충족시켜 주지 않으면 안 된다. 인간은 빵만으로 사는 것은 아니지만 정말로 굶주리고 있는 사람에게 있어서는 빵 한 조각이 전부다. 춥고 배고픈 문제가 해결되지 않는 한 다른 욕구는 모습을 나타내지 않는다. 예를 들자면, 급여 수준이 높은 직장을 선호하는 것과 같은 것으로 설명할 수 있다.

2단계: 안전 욕구(Safety Needs)

일단 생리적 욕구가 어느 정도 충족되면 안전의 욕구가 나타난다. 이 욕구는 근본적으로 신체적 및 감정적인 위험으로부터 보호되고 안전해지기를 바라는 욕구이다.

매슬로는 안전 욕구에 대해 다음과 같이 말했다. "어떤 사람이 극도로, 또 상시로 안전을 추구한다면 그런 인물이야말로 안전만을 위해서 삶을 영위한다고 할 수 있다."

예를 들어, 안전한 고용 관계. 노조 가입, 높은 생활의 질을 위해 안정된 직장을 선호하는 것으로 이를 표현할 수 있다.

3단계: 소속감과 애정 욕구(Belongingness and Love Needs)

일단 생리적 욕구와 안전 욕구가 어느 정도 충족되면 소속감이나 애정 욕구가 지배적으로 나타난다. 한마디로 집단을 만들고 싶다거나 동료들로부터 받아들여지고 싶다는 욕구이다.

인간은 사회적인 존재이므로 어디에 소속되거나 자신이 다른 집단에게 받아들여지기를 원한다. 또한, 동료와 친교를 나누고 싶어 하고 이성 간의 교제나 결혼을 갈구하게 된다.

예를 들어, 안정된 직장이 실현되면 직장 밖에서의 다양한 동호회나 모임과 단체 활동을 즐기는 것으로 이를 표현할 수 있다.

4단계: 존경 욕구(Esteem Needs)

인간은 어디에 소속되려는 욕구가 어느 정도 만족되기 시작하면 어느 집단의 단순한 구성원 이상이 되기를 원한다. 이는 내적으로는 자존, 자율을 성취하려는 욕구(내적 존경 욕구)이며 외적으로는 타인으로부터 주의를 받고 인정을 받으며, 집단 내에서 어떤 지위를 확보하려는 욕구(외적 존경 욕구)이다. 이러한 욕구는 정치적인 활동이 나타나고 다양한 단체 활동이 출현하는 계기가 된다.

5단계: 자아실현 욕구(Self-Actualization Needs)

일단 존경의 욕구가 어느 정도 충족되기 시작하면 다음에는 '나의 능력을 발휘하고 싶다', '자기 계발을 계속하고 싶다'라는 자아실현 욕구가 강력하게 나타난다. 이는 자신이 이룰 수 있는 것, 혹은 될 수 있는 것을 성취하려는 욕구이다.

즉, 계속된 자기 발전을 통하여 성장하고 자신의 잠재력을 극대화하여 자아를 완성하려는 욕구이다.

매슬로의 욕구 5단계설을 통해 사회 변화를 설명할 수 있다. 사회라는 것은 사람들이 모여 만든 공동체이므로 사람들 본연 그 자체라고 해도 무방하다.

사람들은 공동체를 이루며 각각의 욕구 충족을 위해 활동을 하고 서로 돕기도 한다. 인간은 사회적인 동물이라는 전제는 그래서 중요하다.

사람들의 공동체인 사회는 생리적 욕구 해결을 위해 대단위 생산을 추구했다. 이후 1차 산업혁명을 통해 기본적으로 생산성이 높아지면서 결핍의 문제가 해결되기 시작했다. 즉, 먹고 사는 문제인 생리적 욕구 문제를 해결하기 시작한 것이다. 또한, 2차 산업혁명으로 인해 더 큰 생산성을 확보하면서 안전의 욕구도 해결하기 시작했다.

결국, 1차, 2차 산업혁명으로 인해 엄청난 사회적 변혁이 세계를 지배했고, 소작농들이 산업화 현장으로 이동하면서 대규모 일자리 이동이 발생했다.

인간은 매슬로가 표현한 대로 자신의 욕구를 채우기 위해 노력하고, 이런 인간들이 모인 공동체인 사회는 그것에 기반하여 욕구를 채워 간다.

그런 욕구 수준의 향상을 위해 끊임없이 변화하는 사회 현상은 생산성의 증대로 표현되는 산업혁명으로 우리에게 설명되고 있다.

이후 우리는 3차 산업혁명인 정보화 혁명으로 인해 비약적인 생산성 향상을 한 번 더 겪게 된다. 이제 적정한 분배의 문제만 존재할 뿐, 지구상에 물건이 넘쳐나고 있는 게 현실이다. 정보화 혁명을 통해 더 많은 생산물을 향유할 수 있는 단계로 진입한 사회는 더 높은 단계의 욕구를 희망하고 있다. 산업화가 상당히 많이 진척된 국가의 국민은 당장 문화생활 비용을 많이 증가시키는 경향이 있다. 예를 들면 국민 소득이 3만 달러가 넘어가면 여행 산업이 폭발적으로 증가하는 방향으로 사회 현상이 나타난다.

3차 산업혁명인 정보화 혁명으로 인한 비약적인 생산성 향상은 사람들의 일자리도 다양하게 변모시켰다. 많은 사람이 제조 현장의 컨베이어 벨트에서 해방되고 좀 더 창의적인 일자리들이 생겨나기 시작했다. 현재 실리콘밸리의 성장은 정보화 혁명이 만들어낸 아주 중요한 상징과도 같다. 컨베이어 벨트에서 해방된 사람은 컨베이어 벨트를 조정하는 기계, 즉 프로그램을 관리하는 관리자 일자리로 대거 이동했다. 프로그램 관리자는 새로운 프로그램을 설계했고, 새로운 프로그램은 더 복잡하고 가치 있는 복잡계 프로그램으로 진화해 나갔다. 복잡계 프로그램들이 점차 증가함으로써 수많은 프로그래머가 필요해졌고, 이런 흐름에 맞춰 컨베이어 벨트에서 필요했던 일자리들이 새로운 복잡계 프로그램을 설계하고 제작하는 프로그래머라는 일자리로 대체되었다.

단순히 프로그래머라는 하나의 직종에만 국한된 것이 아니라, 복잡계 프로그램을 구축하는 데 필요한 기획자, 디자이너, 그리고 프로그래머뿐만 아니라 이런 복잡계 프로그램을 성장시키는 데 필요한 디지털 마케터 등의 새로운 일자리가 생겨나게 되었다. 이런 흐름은 4차 산업혁명에서도 유사하게 발생할 것이다. 4차 산업혁명을 통해 초생산의 생산성을 확보하게 되는 인간은 더욱더 풍요로워질 것이다. 더욱 큰 풍요는 생산성 혁명에서 비롯되고 생산성 혁명은 기술이 더 많은 역할을 하게 될 것이다. 더 많은 역할을 하게 되는 기술(인공지능 등)에 의해 현존하는 일자리는 어떤 영역에서는 줄어들거나 사라지고, 이를 대체할 새로운 영역에서 새로운 일자리가 생겨날 것이다.

이렇듯 인간 욕구의 변화 혹은 성장에 따라 사회와 인간은 새로운 생산성 혁명을 발명했고, 이로 인해 인간은 더 높은 욕구 단계로 나아가고 있다. 우리가 맞이하는 4차 산업혁명은 좀 더 많은 인간에게 명예 욕구와 자아실현 욕구를 충족시켜 주는 가교 구실을 할 것이다. 하지만 우리는 여기서 커다란 도전에 직면할 수 있다. 자본주의 생태계가 으레 그렇듯이, 자본의 집중과 분배 문제가 매우 커다란 도전일 것이다. 현재를 돌아봐도 3차 산업혁명이라고 해서 그 혜택이 모든 인간에게 골고루 분포되는 것은 아니다. 실리콘밸리의 어느 지역의 어떤 가정에는 수많은 산업의 이기들이 잔뜩 진열되어 있을 것이다. 하지만 아프리카 말리의 아주 외딴 원주민 마을의 어떤 원주민 가정에는 여전히 창을 들고 맨발로 생활하며 아무런 문명의 이기를 접하지 못한 인간도 있기 마련이다. 이렇듯 동일 시대를 사는 동일한 인간임에도 불구하고 어떤 인간은 명예 욕구를 넘어 자기실현 욕구를 이미 채우고 있는 반면에, 어떤 인간은 여전히 생리적 욕구 수준에 머물고 있을 수도 있다. 이러한 분배의 문제는 고차원의 산업혁명 단계로 나아갈수록 더욱 심해지는 경향이 나타난다. 이런 측면에서 살펴보면 4차 산업혁명으로 인한 초생산 시대에는 분배의 문제가 매우 큰 도전이 될 수도 있다는 것이다.

이런 초생산의 시대에 분배의 문제를 효과적으로 해결하기 위해서 인공지능으로 인해 발생하는 초생산에 대비되는 분배의 철학이 발현되고 있다. 분배의 철학의 근간은 초생산으로 만들어진 사회적인 부를 좀 더 공정하게 분배하자는 관점으로 접근하는 것이고, 이것이 바로 블록체인 철학의 근간이라고 할 수 있다.

블록체인은 누구나 네트워크에 참여할 수 있고, 참여한 네트워크에서 자신의 가치 하나가 다른 참여자와 동일한 가치와 역할을 가질 수 있게 하는 공정 분배의 철학에 기반하고 있다.

그림 11 매슬로의 욕구 5단계

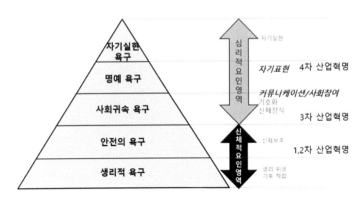

혁신적인 일자리를 위한 블록체인

인공지능의 초생산과 블록체인의 초신뢰가
만드는 세상

인공지능은 생산력의 극대화를 통해 사회적인 영향력이 매우 클 것이다. 이는 이미 광범위하게 사용되는 제조 현장에서의 로봇 근로자가 더욱 스마트해지면서 더 많은 제조 공정에 로봇이 더욱 많이 투입된다는 것과 같은 맥락이다. 로봇에 인공지능이 더해지면서 생산성이 높아지고 더 많은 생산물을 만들어 낸다.

인간은 높은 생산성에 의해 만들어진 다양한 제품들의 홍수 속에서 과거의 어떤 시대보다 풍요롭게 살 것이다. 또한, 다변화되고 구체적인 개인들의 다양한 욕구를 반영하여 개인에게 최적화된 제품들도 과거의 어느 시대보다 훨씬 쉽게 소유할 수 있게 된다.

인공지능이 만들 초생산으로 인해 제품의 홍수 속에서 사람들은 풍족한 세상에서 살게 되지만, 그 풍족함은 모두에게 골고루 돌아가지 않을 수도 있다. 또한, 이런 제품의 홍수는 또 다른 문제를 낳기도 할 텐데, 가장 먼저 우려되는 것은 사람들의 일자리이다.

'일자리를 잃은 사람에게 얼마나 제대로 분배되는가?'의 사회 문제는 더욱 커질 가능성이 높다. 로봇과 인공지능이 사람의 일자리를 빼앗고, 일자리를 뺏긴 사람들은 풍요로운 사회 속에서 엄청난 사회적 빈곤을 느낄 것이다. 이런 상황을 어떤 방식으로 개선하고 해결해야 하는지에 관한 사회적인 논의와 합의가 필요한 시점이다.

언급한 대로 이제는 인공지능이 제품을 생산하는 시대로 접어들고 있다. 이미 제조업의 상당 부분이 로봇으로 대체되었고, 테슬라는 전체 제조 공정의 3분의 2 정도가 로봇으로 대체되고 있기도 하다. 2019년에는 전 세계적으로 제조 로봇이 414,000대가 보급될 정도로 제조 공정에서 로봇의 역할은 점점 더 중요해질 것이다.

그림 12 2014~2019년의 세계 제조 로봇 공급대수 현황 및 전망[13]

(단위 : 대)

국가	'14	'15	'16(e)	'17(e)	'18(e)	'19(e)
한국	24,721	38,285	40,000	42,000	44,000	46,000
일본	29,297	35,023	38,000	39,000	41,000	43,000
중국	57,096	68,556	90,000	110,000	130,000	160,000
대만	6,912	7,200	9,000	9,500	12,000	13,000
북미	31,029	36,444	38,000	40,000	43,000	46,000
독일	20,051	20,105	21,000	21,500	23,500	25,000
이탈리아	6,215	6,657	7,200	7,500	8,000	9,000
스페인	2,312	3,766	4,100	4,500	4,600	5,100
프랑스	2,944	3,045	3,300	3,500	3,800	4,500
기타	39,994	34,667	39,400	44,800	52,600	62,400
합계	220,571	253,748	290,000	322,300	362,500	414,000

로봇은 좀 더 정교해지고 인공지능에 의해 사람들의 관리 체계가 없

---

13 자료 출처: World Robotics Report 2016(https://ifr.org/ifr-press-releases/news/world-robotics-report-2016).

어도 돌아갈 정도로 변모하고 있기 때문에 현재 로봇을 관리하는 관리자인 사람이 해야 할 영역은 조만간 제로에 가까운 수준으로 수렴할 것이다.

이렇게 로봇의 영역이 사람의 영역까지 침범하는 상황이 로봇의 정교화와 지능화를 통해 발생하고 있다. 이러한 상황은 결국 사람의 일자리가 위협받고 있음을 나타내는 것이고, 다보스포럼을 통해 수만 개의 일자리가 사라질 것이라는 위협적인 예측이 나오기도 했다.

물론 다보스포럼을 통해 언급된 "로봇에 의해 사람의 일자리가 대체된다."라는 말은 맞는 말이기도 하다. 그리고 새로운 일자리가 창출된다는 말도 맞는 말이다. 기존에 존재했던 일자리들이 크게 위협받고 있는 것은 자명한 현실이다.

현재 존재하는 텔레마케터, 화물/택시 기사, 회계사, 법조인 등의 직종은 4차 산업혁명으로 촉발된 지능형 로봇에 의해 그 자리가 대체될 가능성이 매우 높은 직종으로 구분되고 있다. 이에 반해 사물인터넷 데이터 분석가, 바이오 해커, 가상공간 디자이너 등의 직업은 새롭게 창출될 직업으로 구분되기도 한다.

인공지능을 탑재한 로봇 기술은 점점 진화하고 있다. 지능 로봇에 의해 영향을 받을 직업은 전 산업적으로 광범위하게 있을 것이 자명하다. 따라서 기존 직업이 없어지고 새롭게 직업이 생기는 것과 같이 현재와 같은 방식의 고용 구조 혹은 채용 관계는 무의미해질 것이다. 기업이 대규모로 인력을 채용하는 방식은 기계적인 산업화 시대에서 성장하는 기업에게 적합한 방식이다. 제품의 판매 호조로 인해 해당 제품을 대규모로 추가 생산하기 위해 제조 시설 증설에 추가로 투자한다든지, 이렇게 생산된 제품을 더 많은 사람에게 판매하기 위해 판매 시설을 늘린다든지 하는 시점에 기업은 인력들이 대규모로 필요해진다. 그러나 로봇이나 인공지능에 의해 생산이 늘어나고 판매를 늘릴 수 있는 방법이 있다면 기업은 사람을 채용하지 않아도 된다. 그런 현상이 현재 우리 사회에 급속도로 퍼지고 있는 것이다.

 테슬라의 캘리포니아 프리몬트 공장의 제조 과정을 그 예로 들 수 있다. 로봇이 상당히 많은 제조 과정에 투입되고 있고, 이에 따라 사람의 투입 비율은 어느 자동차 공장보다도 적다. 테슬라 프리몬트 공장에서는 1,068대의 로봇이 자동차를 생산하고 있으며 이는 전체 자동차 공정의 상당 부분을 차지하는 것이다.

 이처럼 제조 공정에서 사람의 손이 들어가는 과정을 점진적으로 로봇이 대체하고 있고, 지능화되고 있는 로봇에 의해 이런 현상은 기하급수적으로 증가할 것이다. 제조 공정에서만 로봇의 역할이 있는 것은 아니다. 이렇게 로봇에 의해 생산된 제품이 사람에 의해 판매가 이뤄지던 것은 과거의 방식이다. 하지만 아마존, 알리바바와 같이 유통을 변화시키고 있는 IT 공룡 기업들은 유통의 방식이 사람과 사람이 만나는 면대면 방식에서 인터넷 방식으로 대거 옮겨가는 데 큰 역할을 하고 있다. 제품이 인터넷상으로 유통되는 것은 사람이 직접 고객을 만나 설득의 과정을 거쳐 판매를 하던 과거의 방식을 대체할만 하다.

 또한, 실제로 사람들이 드나들던 판매 매장에서도 점차 사람들이 사라지고 있다. 주문을 받던 사람은 로봇에 의해 대체되고 커피를 만들던 바리스타도 로봇에 의해 대체된다. 매장에는 물건만 있고 판매하는 사람은 찾기 힘든 아마존GO와 같은 무인 점포가 점차 증가할 것이다.

이렇게 지능화된 로봇에 의해 제조와 판매 영역에서 사람의 영향력은 점진적으로 줄어들고 있다. 이에 따라 기업들은 과거와 같은 방식으로 대규모 인력 채용을 하지는 않을 것이다. 과거의 기업들이 대규모 제조와 대규모 판매 관점으로 시장을 확대·재생산하고 규모를 키웠다면 향후 기업들은 대규모 투자를 통해 지능화된 로봇에 의해 제품을 제조하고 광범위한 인터넷을 통해 판매하는 방식으로 성장할 것이다. 이 과정에서 사람들의 일자리는 전혀 고려되지 않는다.

사람들의 미래 일자리는 변화해야 한다. 좀 더 감정적인 일과 판단력이 고도로 필요한 일 그리고 사람과 사람 간의 치유와 소통이 필요한 일이 일자리 창출에서 중요한 기준점이 될 것이다.

이런 감정에 기반하거나 소통에 기반한 일자리가 생겨나지 않는다면 도대체 사람들은 어떤 면에서 존재 가치를 느끼겠는가? 시대적인 변화와 함께 인간 스스로 그 변화에 기반하여 새로운 일자리를 만들어내야 한다는 것은 굳이 계산하지 않아도 서로 이해해야 하는 지점이며, 암묵적인 사회적 합의의 도출이다.

이런 일자리는 과거의 방식으로 대규모 채용을 하거나 반드시 기업에 소속되어서 일해야 하는 일자리가 아니다. 해당 분야에 대한 전문적인 역량을 보유한 사람이라면 누구라도 스스로 자신을 고용하거나 소규모의 기업으로 영위할 수 있는 분야이기도 하다. 그렇기에 과거와 같이 수많은 사람이 대규모 조직에 소속되어 직무 전환을 해 가며 오래도록 일하는 방식은 자연스럽게 사라지고 있다. 일례로, 미국 캘리포니아에서는 개인이 직장에서의 일자리가 아니라 개인의 업무(Task) 위주로 장소를 이동해 가며 일하는 방식이 전체 고용 시장에서 차지하는 비중이 높아지고 있다.

여전히 국내 일자리 시장에는 과거의 방식으로 대규모 기업에서 일시에 많은 인력을 채용하는 '공채'라는 방식이 남아있기도 하다. 그렇지만 얼마 전에 삼성 그룹에서 공채를 진행하지 않기로 선언한 바와 같이 채용의 방식은 점진적으로 좀 더 쪼개지고 유연하게 변화할 것은 자명한 사실이다. 쪼개지고 유연하게 변화하는 일자리 연결 방식은 앞서 얘기한 것처럼 기업들이 대규모 제조 시설 투자와 판매를 통해 성장하던 시대가 사라지고 있다는 사회적인 현상과도 궤를 같이하고 있다.

따라서 이런 시대적 흐름에 의해 기업과 개인이 연결되는 일자리 연결 방식도 큰 변화 앞에 직면해 있다. '일자리'라는 개념보다는 '업무(Task)'라는 개념으로 기업과 사람 혹은 사람과 사람 간에 산업적인 연결이 가능할 것이다. 이는 잘게 쪼개진 업무(Task)를 중심으로 기업과 사람, 그리고 사람과 사람 간의 연결이 필요한 시대로 진입하게 된다는 의미이다. 과거 방식보다 더 많은 인터넷망 사이의 연결과 더 잦은 횟수로 연결이 필요한 시대로 진입하고 있다. 이것은 과거보다 더 신중하고 신뢰성 있는 연결이 필요하다는 것을 말한다. 이런 신중하고 신뢰가 담보된 연결이 아니라면 더 많아진 연결 횟수에서 오류들이 생길 여지가 많다.

여기서 오류라는 것은 잘못된 연결 시도와 연결 결과에 의해 피해를 보게 되는 상대방이 생길 가능성이 높아진다는 것이다. 현재도 소규모 기업 혹은 개인이 인터넷을 통해 구인 정보를 올리고 구직자를 대상으로 사기를 친다거나 범죄를 저지르는 경우가 종종 발생하고 있다. 이것은 인터넷이 가진 신뢰성의 한계에서 비롯되는데, 일자리 연결의 방식이 기업과 개인 간에 발생하던 방식에서는 일자리를 연결하는 인터넷 서비스 업체가 규모가 있는 기업들에 관해 일정 정도 검증하는 역할을 담당했다. 반면 기업의 규모가 작아지고 혹은 기업이 아닌 개인들이 직접 구직자 개인과 연결되는 업무(Task) 중심의 연결 구조에서는 한계가 존재하게 된다.

바로 이 지점에서 문제점이 생겨나고 이를 해결하기 위한 방안이 필요해진다. 그 방안은 블록체인이다. 블록체인이 그 역할을 할 수 있다.

블록체인은 블록(Block)이라는 공간에 데이터를 쌓는 구조다. 그렇게 쌓인 블록은 다음에 생성된 블록과 사슬로 묶인다. 사슬로 연결된 블록들의 총합이 블록체인인 것이다. 이렇게 블록들은 사슬로 연결됨으로써 변조나 위조가 불가하게 되며 이런 특성으로 인해 신뢰 네트워크를 생성할 수 있다. 개인과 개인 간의 구인·구직에 대한 연결도 중개자에 의해 일정 부분 확인되던 신뢰 문제를 블록체인을 통해 더욱더 명확하고 명징하게 해결할 수 있다. 오히려 중개자에 의해 확인되던 일부의 신뢰와 확인되지 않던 신뢰 부족 문제를 블록체인을 통해 깔끔하게 해결할 가능성이 더 높아진다.

블록체인은 개별 블록들의 사슬이므로 모든 거래 내역을 확인할 수 있고 그에 따라 신뢰성이 없는 참여자는 발붙일 여지가 사전에 차단된다는 장점이 생긴다. 중앙 플랫폼에서 신뢰하지 못하는 참여자를 걸러내는 작업은 다음과 같다. 일정한 서류를 제출받아 중앙 플랫폼 관리자가 지정한 일부의 직원이 검증하고 그 검증을 통과하면 아무런 제지 없이 플랫폼의 신뢰를 받는 참여자로 변신하게 된다. 이런 방식에서는 과거에 어떤 문제가 있었는지 관리자가 확인하지 못하면 더 이상 확인할 방법이 없다. 반면에 블록체인은 이런 일련의 과정이 모두 블록체인으로 연결되어 있기에 문제가 있는 참여자를 단번에 식별할 수 있다.

블록체인이 가진 강점은 여기에서 출발한다고 할 수 있다. 특히 '구인·구직'이라는 신뢰가 생명인 프로세스에서는 더욱 큰 힘을 발휘하게 된다. 중앙 플랫폼이 모든 참여자를 검증하고 신뢰할 수 있는 프로세스를 만드는 것은 불가능에 가깝다. 언제든지 신뢰를 깨는 일이 발생할 수 있고 사기와 같은 문제점이 발생할 가능성을 내포하고 있다.

반면, 블록체인은 참여자들에 대한 정보가 블록에 기록되어 모든 블록에 연결되는 체인이 형성되기 때문에 한 번 기록된 정보를 위조하거나 변조할 수 없다. 즉, 이러한 블록체인 구인·구직 P2P 네트워크에 참여하게 되는 순간부터 이미 신뢰에 대한 부분이 형성된다고 할 수 있다. 블록체인은 신뢰 네트워크 프로토콜을 기반으로 연결된 인터넷이라고 보는 것이 맞으며 이런 신뢰 네트워크 프로토콜을 기반으로 구성된 네트워크는 구인·구직 프로세스에서 꼭 구현되어야 할 분야이다.

이를 통해 구인·구직 프로세스와 연결은 신뢰 네트워크로 구동되며 참여자들 간에 사기나 부정 등의 문제를 사전에 방지할 수 있다.

그림 13 인공지능과 블록체인의 관계 분석도[14]

14 자료 출처: 다보스포럼.

데이터의 분산화가 만드는
사회적 가치 총량 증가

구인·구직 사이트에서 얘기하는 '맞춤 매칭'은 매우 중요한 개념이다. 구인·구직에서 최선은 제대로 된 구직자와 구인자 간의 매칭이다. 즉, 구직자는 최적의 일자리를 찾는 것이고, 구인자는 최적의 인재를 찾는 것이다. 이러한 최적의 매칭이라는 본질을 만들어 내는 것이 구인·구직 사이트가 할 일이다.

그러기 위해 구인·구직 사이트는 '맞춤 매칭'이라는 용어를 사용하고 있다. 맞춤 매칭에 담긴 의미는 구직자와 구인자를 최적으로 연결한다는 뜻이다. 그런 과정에서 구인·구직 사이트는 상당히 많은 양의 구직자의 방대한 입력 데이터와 구인자의 입력 데이터가 필요하다. 이런 데이터를 확보한 후 양자를 연결하는 그 어떤 연결 고리를 찾고자 노력한다.

구직자이건, 구인자이건 그들이 입력한 데이터를 활용해서 맞춤 매칭의 단서를 찾고자 노력한다. 그런 노력의 과정에 다양한 기술을 활용하기도 한다. 인공지능을 활용해서 매칭을 최적화시키고, 고도화시키고자 하는 데 노력을 집중한다.

그렇지만 과연 그것이 정말 맞을까?

사람은 상당히 심오한 존재이다. 사람은 자신이 어떤 사람인지 잘 알지 못하는 경우가 많다. 대체로 스스로 자신이 어떤 사람인지를 얘기하면서도 내면에서는 스스로 내가 어떤 사람인지 잘 모르겠다는 생각을 하곤 한다.

그렇기에 우리는 사회에 나가기 전에 교육 과정에서 다양한 진로 설계에 대한 교육도 받게 된다. 그러나 그런 과정이 있음에도 불구하고 진정으로 자신에게 적합한 일을 찾는 사람이 몇이나 될까?

수많은 이직의 과정을 통해 사람들은 스스로 이를 위안으로 삼고 있다. 자신에게 맞지 않는 옷을 입고 있지만, 당장의 생계를 위해 자신의 확고한 생각을 환경에 묻어 버린다. 이런 안타까운 현상은 우리 주변에서 너무나 쉽고 공공연하게 볼 수 있다.

진로 설계를 하는 과정에서 접하게 되는 다양한 인지심리학적 테스트 기제들을 보자. 사람의 성격을 16가지로 나눈다거나 혹은 다른 방식으로 몇 가지의 성향으로 사람을 분류하여 분류된 결과에 따라 해야 할 직업을 알려 준다. 물론 적당한 가이드일 수는 있지만, 대체로 충분히 수긍할 만한 결과라고 신뢰하기에는 뭔가 부족한 측면이 많다.

인공지능이야 좀 더 지켜봐야 하겠지만, 데이터를 통해 얻어지는 추천이나 맞춤 매칭은 여전히 그렇게 원활하지만은 않다.

반면에 사람들이 데이터로 정형화하지 못하는 다양한 감각을 활용한 사람 간의 인식과 평가는 매우 중요한 요소이다. 그럼에도 불구하고 이런 영역은 크게 주목받지 못했다. 혹은 이런 영역을 시스템화하지 않고 현 상태로 조직화한 것이 헤드헌팅, 채용 대행, 리크루팅 영역이라고 할 수 있다. 단순히 소개자의 역할을 점조직화해서 확장한 개념이다. 헤드헌터는 특별한 자격이 없더라도 누구나 할 수 있다. 일정한 사회 경험이 있다면 누구나 할 수 있고, 심지어 일정한 사회 경험이 없더라도 하겠다는 의지만 갖추면 누구나 헤드헌터 혹은 사람에게 일자리를 추천하는 역할을 하고 있다.

이것을 시스템적으로 접근하면 누구나 어떠한 일자리에 최적으로 적합한 사람을 추천할 수 있다는 논리와 동일하다. 즉, 일자리 연결에서는 특정한 분석력이나 컨설팅 능력이 중요하게 작용한다기보다는 일정한 수준으로 사람을 신뢰하는 사회적인 기제가 작용하고 있다고 볼 수 있다.

사람은 복잡하고 미묘한 존재이다. 어떤 특정한 데이터를 통해 그 사람을 정의하기는 매우 어렵고, 혹은 불가능하기도 하다. 또한, 사람은 특정할 수 없는 '느낌'이라는 것을 보유하고 있기도 하다. 자주 회자되는 심리학 실험인 '보이지 않는 고릴라 실험'과 같이 사람은 상당히 허술한 부분이 많은 존재이면서도 특정할 수 없는 능력을 보유하고 있기도 하다.

그 사람이 해야 할 소명, 즉 직업 그리고 일자리를 연결해 주는 것은 그 사람이 입력한 이력 데이터만으로는 충분히 설명해 줄 수 없을 것이다. 그 사람은 그 이력 데이터를 작성하겠지만, 그 사람이 가진 역량과 능력을 충분히 표현해내지는 못한다. 반면에 그 사람을 옆에서 지켜봤던 사람들은 오히려 그 사람이 가진 역량과 능력을 정확한 데이터로 정의하지는 못할지언정, 어떤 느낌이라는 것을 통해서 그 사람을 잘 알고 있다. 역량과 능력뿐만 아니라 그 사람이 가진 열정과 열의, 끈기와 도전정신 그리고 난관을 이겨내는 회복 탄력성에 대해서도 알고 있다. 그것을 정량적으로 표현할 수는 없다 하더라도 주변인은 그 사람에 대해 그의 그런 성향을 말할 수 있고, 그렇다는 것을 신뢰할 수 있다.

이런 사람 간의 앎, 즉 상호 작용하는 기제는 매우 중요하다. 그것이 오히려 그 사람이 작성한 데이터보다 더 신뢰성이 있는 데이터로 여기고 사용해도 무방할 것이다. 실제로 구인·구직 관계에서 많이 쓰이고 있기도 하다. 사람을 추천하여 일자리와 사람이 연결되었을 경우에 그 사람이 입력한 데이터보다 추천에 의한 판단이 더욱 의미가 클 수 있다. 이미 그 사람은 그 주변인을 통해 추천되었기에 그 주변인이 확보한 사회적 인지 수준에 따라 그 사람도 그 수준으로 인식되는 것이 사회적인 통념이자 보편화된 논리이기도 하다. 그러므로 그 사람은 그 주변인과 유사하게 혹은 동일하게 생각되는 것이다. 그러므로 그 사람이 입력한 데이터보다 주변에 의한 판단이 더 중요하게 작용할 가능성이 크다.

이렇듯 데이터보다는 사람 간의 연결과 추천이 구인·구직을 하는 데 있어 더욱더 중요한 매개체가 된다. 그러므로 우리는 사람 간의 연결과 추천을 좀 더 시스템화하고, 연결을 촘촘하게 할 방법을 찾을 필요성이 있는 것이다. 촘촘한 연결의 시스템화를 통해 사람들이 원하는 일자리를 찾을 수 있는 시스템을 구축하는 것이 필요하다. 그런 시스템이야말로 우리 시대에 매우 필요하고 가치 있는 시스템으로 작동할 수 있다.

한편으로, 이런 시스템 구축은 사회적으로 매우 필요한 동시에 가치를 동반한다.

이런 시스템 구축은 촘촘한 사람 간의 연결 구조를 먼저 만들어야 한다. 그러므로 많은 사람의 참여가 선행되는 것이 필수 조건이다. 사람들의 참여를 유도하기 위해서는 그 사람들이 가진 선한 영향력을 주겠다는 사회적 가치를 창출해야 하며 그러한 사회적 가치를 창출하게 되면 사람들은 자연스럽게 촘촘한 연결 구조에 참여하고자 하는 욕구가 생기게 된다. 그런 시스템 구조를 잘 구축해 놓은 것이 페이스북과 링크드인이다.

일정한 사회적 연결 구조를 만들어 놓는다면 사람들은 그 연결 구조에 포함되어 선한 사회적 가치를 실현하고자 하고 그 구조에 포함되고자 하는 사회적 동물의 특성을 모두 보유하고 있다.

사람이 보유한 본성인 사회적인 동물이고자 하는 본질을 잘 꿰뚫은 것이 페이스북이다. 일정 정도의 사람 간의 연결은 폭발적인 사람 간의 연결을 구축하는 데 매우 중요한 크리티컬 매스(변곡점)로써 작동한다. 그 지점을 잘 찾고 만들어 낸 것이 페이스북 창업자인 마크 저커버 그의 놀라운 능력이다.

이와 유사하게 사람들의 참여를 유도하기 위해서 일정한 직접 가치를 참여에 대한 대가로 제공하는 방식을 고려해 볼 수 있다.

참여와 이에 대한 일정한 대가의 구조를 구축하기 위해서는 중앙화된 방식보다는 탈중앙화된 방식이 오히려 적합할 수 있다. 그래야 참여에 대한 대가가 투명해지고, 신뢰 확보가 보편타당해질 수 있기 때문이다. 그런 관점에서 더 깊이 생각해 보면 사람 간의 연결을 이끌어낼 수 있는 더 많은 참여는 탈중앙화된 방식으로 참여자들이 주인 정신을 갖게 할 수 있는 블록체인이 매우 적합한 방식이 된다. 이 지점에서 비로소 블록체인이 추구하는 탈중앙화의 철학과 가치가 아주 적합하게 발휘될 수 있는 것이다.

블록체인은 단순히 데이터를 블록에 쌓는 기술을 일컫는 말이 아니다. 즉, 블록체인을 단순히 기술의 관점으로만 바라보는 것은 장님이 코끼리를 만지는 것과 동일하다. 블록체인이 블록에 데이터를 넣고 모든 블록을 동일한 네트워크에서 연결하는 구조라는 것은 기술적인 관점에서는 당연히 맞는 얘기이다. 여기에 기술적 이견은 없을 것이다. 그렇지만 블록체인에 관해서 단순히 여기에만 관점을 두고 바라보는 것은 지양해야 한다.

블록체인은 기술적 기반 위에 철학적 사상이 내포된 개념이다. 블록체인은 누구나 동일한 블록의 연결을 보유한 것으로써 누구나 동일한 수준의 통제자가 될 수 있음을 뜻한다.

반면, 우리가 활발하게 이용하는 인터넷은 그 중심에 중앙 통제자가 있다. 우리가 매일 이용하는 카카오톡이나 네이버 검색, 구글 검색, 유튜브 검색, 멜론 음악 청취, 음식 배달을 위한 앱인 배달의 민족, 쇼핑을 위한 앱인 쿠팡은 중앙 통제자가 모든 것을 통제하고 있다. 중앙 통제자의 관리와 감독하에서 모든 행동이 관찰되고 움직이고 있다. 중앙 통제자를 중개자라고 표현할 수도 있고, 플랫폼이라는 말로 포장할 수도 있다. 플랫폼은 사람과 사람 간의 중개를 통해 사회적 가치를 창출하고 그 지점에서는 큰 의미를 가지기도 한다. 이런 플랫폼의 사회적 가치 생산은 어떻게 보면 사회적 비용을 낮춰서 새로운 사회적 가치를 창출하는 개념이다. 한 가지 예를 들어보자. 기존에 배달 음식을 시키기 위해서는 수많은 찌라시(안내 책자)를 찾아야 했다. 현관문이나 곳곳에서 손으로 배포하는 배달 음식 업체들의 광고가 들어간 안내 책자를 보고 전화로 배달 음식을 시켰다. 그렇지만 우리는 현재 배달 앱에 접속하여 모바일 터치를 통해 배달 음식을 주문한다. 사용자, 즉 소비자 관점에서는 상당한 노력에 대한 기회비용이 절감된 셈이다. 배달 앱은 사용자가 지불하는 기회비용을 낮춤으로써 사회적 비용을 절감시키면서 사회적인 가치를 창출하고 있는 것이다. 반면 배달 음식을 배달하는 업장의 입장에서는 변한 게 별로 없다. 기존에 안내 책자에 광고를 싣기 위한 비용은 배달 앱에 광고를 싣기 위한 비용으로 대체되었고, 전화 주문은 모바일 주문으로 바뀌었고, 배달 비용은 여전히 존재하기 때문이다. 이렇듯 배달 앱은 소비자 관점에서 커다란 사회적 기회비용을 줄이면서 사회적 가치를 창출하고 있지만, 어떤 측면에서는 사회적 비용을 더 만들어 내기도 한다. 어찌 보면 배달 앱으로 인해 지역에서 안내 책자를 만들어 내던 수많은 지역 기반 홍보 업체들이 사라져 버린 것이다. 그들이 만들어 냈던 사회적 가치가 배달 앱으로 통합되었을 뿐이다. 최근 2019년 1월의 보도자료를 보면 배달 앱의 선두주자 격인 배달의 민족의 기업 가치는 몇조 원에 이른다. 배달의 민족이라는 한 기업의 가치가 몇조 원에 이른다는 것은 분명 기존에 지역 기반으로 안내 책자를 만들었던 지역 홍보 업체의 경제적 가치의 총합보다 많을 것이다. 배달의 민족은 지역 홍보 업체의 경제적 가치 총합을 한 곳에 합쳐서 그 이상의 가치가 있는 사회·경제적 가치를 더하기 위한 기술적 가치까지 반영했기 때문이다. 그런 관점에서 보면 지역 홍보 업체의 사회적 총합을 더한 것보다 배달의 민족이 가진 사회적 가치가 크다. 다만 배달의 민족이 가진 사회적 가치가 사회적으로 골고루 배분될지는 미지수라는 것에는 여전히 의문이 남는다. 앞서 언급했듯이 배달의 민족이라는 하나의 기업이 가지는 시장 가치는 몇조 원에 이른다. 그러나 이런 '시장 가치 몇조 원'은 그 주식을 보유한 몇몇 기업이나 개인에게 한정되는 얘기이다. 그것이 사회적으로 골고루 분산된다는 관점의 얘기와 동일한 것은 아니기 때문이다.

이런 논리로 블록체인을 바라보면 사회적 가치는 더욱 커질 수 있다. 만약 블록체인으로 배달 앱이 만들어지게 된다면 어떨까?

즉, 블록체인 기술을 활용해서 배달 시장의 P2P 네트워크를 구축한다는 개념이다. 이것을 쉽게 설명하면 다음과 같다. 블록체인의 분산화된 원장 개념이 배달 시장에 적용된다. 배달이라는 영역에 참여하는 주체는 배달을 시키는 소비자와 배달 음식을 만드는 생산자 그리고 배달을 수행하는 배달 기사라는 참여자가 있다. 소비자는 배달 음식을 시키고, 소비자의 배달 요청 호출을 받아 생산자는 음식을 만들고, 만들어진 음식은 생산자의 요청에 의해 배달 기사에게 전달되어 소비자에게까지 배달이 진행된다. 이런 과정에서 배달이라는 영역에 참여하는 각 참여자는 하나의 중앙화된 시스템을 통해 연결된다. 중앙에 위치한 시스템은 생산자의 광고를 모집하여 소비자에게 보여 주고, 생산자의 음식을 배달 기사에게 전달하는 시스템을 구축한다. 경우에 따라서는 생산자의 음식을 직접 배달하기도 한다. 이런 과정에서 발생하는 시스템 구축에 소요되는 비용과 각 참여자를 참여시키기 위한 광고비, 직접 배달을 진행할 경우 발생하는 배달에 대한 비용은 각 참여자에게 돌아가는 구조가 된다. 경우에 따라 조금씩 다르겠지만 소비자에게 알리기 위한 방편으로 생산자는 광고비를 지출해야 할 수 있고, 배달 기사의 인건비를 위해 생산자가 비용을 부담할 수 있다. 또한, 소비자는 원래의 음식 가격보다 비싼 —생산자가 광고비와 배달비를 분산시키기 위한 시도다— 가격에 음식을 먹어야 할 수도 있다.

이런 구조는 중앙화된 배달 앱들이 경쟁하는 구도에서나 혹은 중앙화된 단독 배달 앱이 있는 환경에서 지속될 수 있는 상황이다.

이런 구조를 블록체인을 통해 분산화시킬 수 있다. 생산자(음식 업체), 중개자(배달 업체), 소비자(배달 주문자)가 각자의 영역에서 참여자가 된다. 소비자가 주문한 경우 주문은 직접 생산자에게 전달되고 생산된 음식은 바로 중개자에게 전달되어 소비자에게 최종적으로 전달된다. 이런 과정에 별도의 중앙 통제자가 없도록 시스템이 설계되어 구축된다면 광고비나 중앙 시스템 운영비가 소요되지 않는다.

현재 중앙 시스템은 자신에게 필요한 홍보와 광고 활동, 시스템을 구축하는 데 필요한 수많은 개발자와 운영자, 다양한 하드웨어, 소프트웨어 구매비 그리고 회사 사옥이 필요한 구조다. 이에 따라 과도한 비용이 소요되고 주주에게 이익을 제공하기 위한 경영 활동을 하게 된다. 또한, 하나의 산업 분야에서는 경쟁자가 존재하므로 경쟁에 필요한 비용 역시 소요된다. 이런 과정에서 발생한 비용은 고스란히 배달에 참여한 참여자에게 전가될 수밖에 없는 구조이다.

'블록 시대'의 데이터관(觀)

　정보의 고립, 정보의 독점 현상을 타파하려면 '블록 데이터'라는 새로운 비전이 필요하다. 블록 데이터는 복잡계 과학에서 파생된 새로운 사고 패러다임으로, 데이터화된 체계적 사고다. 이런 점에서 블록 데이터는 인과성이 아니라 연관성을 강조하며 데이터 패턴에 관한 연구를 통해 단조로운 인과적 규칙을 보완해서 합리주의와 경험주의에 입각한 데이터 통합을 이룬다. 블록 데이터는 '더 많은(전체가 부분보다 낫다)', '더 복잡한(잡다한 편이 단조로운 것보다 낫다)', '더 나은(연관성이 인과성보다 앞선다)' 데이터를 강조하면서 전체성과 다양성, 연관성, 변동성, 개방성, 평등성에 초점을 맞춘다. 또한, 복잡성 과학에 속하는 사고와 최신 기술을 통해 복잡성 과학 방법론을 구체적인 조작이 가능한 도구로 발전시킬 수 있다. 정형화되고 정량화된 통합을 통해 인문, 사회, 과학 등 한때 데이터화하기 어려웠던 영역에서 정량화 작업을 수행할 수 있고 기존과는 전혀 다른 새로운 형태의 빅 데이터 방법론을 선보일 수 있다. 가치관적 측면에서 블록 데이터는 개방과 공유, 교차와 통합을 강조한다는 점에서 '이타적 공유'가 가능한 관념에 속한다.

　구인·구직과 관련된 데이터의 홍수 속에서 데이터의 고립과 정보의 독점 현상을 타파하려면 '블록체인 데이터'라는 새로운 비전이 필요하다. 블록체인 데이터는 인과성이 아니라 연관성을 강조하며 구인·구직 데이터에 대한 데이터 통합을 고려하게 된다. 현재의 구인·구직 데이터는 쪼개진 중개 플랫폼을 통해 각자의 영역에서 사유화되고 독점화되어 보관되면서 데이터 통합에 대한 접근을 전혀 실행하지 못하고 있다.

　구인·구직에 대한 데이터는 블록체인 데이터로 통합되어 효율성과 효과성 측면에서 구직자와 구인자에게 더 큰 효율과 효과를 동반할 수 있다. 수많은 데이터의 각 노드를 연결하여 연결이라는 측면에서 구인·구직의 본질인 '구인·구직 매칭'을 더욱더 효율적으로 만들 수 있는 기반이 된다.

　기존의 구인·구직 방법을 살펴보면 구직자는 구직하고자 하는 욕구가 있을 경우 이것을 알리기 위해 상당히 많은 시간과 노력을 투입해야 한다. 구직 활동의 시작이라 할 수 있는 이력서 작성은 상당히 까다롭고 어려운 과정이라는 것이 구직 활동을 하는 수많은 구직자의 대체적인 중론이다. 이력서 작성과 이에 꼭 필요한 자기소개서 혹은 경력 기술서 작성에 구직자들이 애로사항을 가지고 있어서 이러한 구직 서류 작성에 대한 전문적인 코칭과 첨삭을 해 주는 전문 서비스는 이미 상당히 많이 활성화되어 있다.

　구직 활동을 하며 작성하는 이력서와 자기소개서(경력 기술서)는 상당히 개인적인 관점에서 작성하는 극히 개인적인 문서이다. 그럼에도 불구하고 타인의 도움을 받아 작성한다는 것은 그만큼 구직 활동을 하는 데 있어서 상당히 높은 경쟁률을 뚫고자 하는 구직자들의 간절함이 담겨 있기도 하겠지만, 본질적으로는 작성에 어려움을 겪고 있다는 것에 대한 반증일 것이다.

그렇게 어려움을 겪고 작성된 이력서, 자기소개서(경력 기술서)는 구직 활동을 위해 대체로 온라인 구인·구직 사이트에 등록된다. 실례를 보면 구직자는 구직 활동을 위해 처음부터 온라인 구인·구직 사이트에 방문하고, 해당 구인·구직 사이트의 가입 절차에 따라 개인의 신상 정보를 입력하고, 이후 이력서와 자기소개서(경력 소개서)를 작성하게 된다.

빅 데이터가 발전하면서 '세상에 존재하는 모든 관계와 활동은 데이터를 활용해 그 특징을 표현할 수 있다'라는 관념이 점차 사람들 사이에서 널리 받아들여지고 있다. 세상의 본질은 데이터로, 데이터 세계는 객관적 세계에 비해 독립적이지만 그 출발점은 여전히 사람을 지향한다. 이는 데이터의 사회학적 패러다임이 해결해야 할 중요한 문제다. 사람을 중심으로 하는 블록 데이터는 데이터 인간 가설을 제시하며 인간과 사물의 관계를 재구성해서 모든 영역에 걸쳐 인간과 인간, 사물과 사물, 인간과 사물의 연관성을 이끌어내고 인류 사회의 통합적 데이터화를 이뤄냈다.

빅 데이터의 보편화와 함께 '세상에 존재하는 모든 관계와 활동은 데이터를 활용해 그 특징을 표현할 수 있다'라는 생각이 사람들에게 받아들여지고 있다. 사람들이 가진 본연의 데이터, 즉 개인 신상이라고 일컬어지는 정보들을 통해 사람과 사람 간에 연관성을 찾을 수 있다. 그보다 중요한 것은 사람들이 일상생활에서 발생하는 활동에 기반하여 다양한 빅 데이터들이 쏟아져 나온다는 것이다.

　사람은 잠에서 깬 이후에 다시 잠자리에 들 때까지 수백, 수천 종류의 활동 데이터 로그를 인터넷에 남기고 있다. 이런 데이터 로그, 즉 빅 데이터를 분석하여 그 사람에 대한 성향을 분석하는 유의미한 시도를 할 수 있다. 한 사람이 남긴 빅 데이터는 그 사람과 유사한 데이터 로그를 남긴 사람들 간의 연관 관계를 확인할 수 있게 해 주고, 그런 연관 관계를 통해 유사한 성향의 사람들을 연결하는 연결 지도를 만들 수 있다. 특히 사람들은 특정한 목표를 보유하고 방문하는 쇼핑 사이트와 같은 물품 구매의 목적이 아닌 경우, 검색의 성향이나 도서 구매의 성향 그리고 SNS에서 나타내는 좋아하는 것들에 대한 수치를 통해 일정한 수준으로 그 사람에 대한 성향을 수치로 데이터화할 수 있는 기록들을 쌓고 있기도 하다.

　이처럼 사람이 남기는 일상의 빅 데이터를 통해 그 사람의 성향을 파악할 수 있다. 다양한 SNS를 통해 확보된 빅 데이터를 통해 개인의 성향 데이터를 블록에 쌓을 수 있다. 이렇게 쌓인 블록 데이터는 다른 블록과의 연결을 통해 블록체인 데이터로 확보할 수 있다. 블록체인 데이터는 변조와 위조가 불가한 방식으로 모든 참여자가 신뢰할 수 있는 데이터로써 존재하게 된다.

이와 동일한 방식을 구인·구직에도 적용할 수 있다. 구인·구직 활동에 참여하는 모든 구직자는 자신이 활동했던 SNS의 정보 제공에 대한 동의를 통해 빅 데이터를 제공할 수 있다. 빅 데이터를 통해 분석된 한 개인의 구직 성향은 블록 데이터로 가치를 전환하게 되고, 블록체인 데이터로써 구인·구직 과정에서 활용될 수 있다.

구인·구직 데이터는 신뢰를 기반으로 하여야 하고, 보안에 민감하게 적용되어야 한다. 블록체인이 가진 기술적 특성인 비가역성을 통해 신뢰를 담보할 수 있다. 블록체인은 블록 데이터를 체인으로 하여 동일한 데이터로 연결한 것이다. 동일한 데이터를 장부에 기록하여 연결한 것으로써 분산 장부 혹은 복제 장부라고 하기도 한다. 이런 측면에서는 보안에 매우 취약하다고 판단할 수도 있다. 그러나 블록체인은 그 안에 담기는 데이터는 암호화(해시)를 통해 보안키를 통하지 않고서는 데이터를 확인할 수 없게 만들 수 있다. 또한, 동영암호라는 기술을 활용하여 기술적 보안을 높은 단계로 적용할 수도 있다. 이런 측면에서 블록체인을 기반으로 하여 쌓는 구인·구직 데이터는 신뢰와 보안이 담보된 상태로 운용할 수 있게 된다.

구인·구직 과정에서 입력하는 데이터는 신원 정보와 같은 민감 정보가 포함되어 있고, 보호받아야 할 개인 데이터가 상당 부분 포함되어 있다. 이런 민감 정보를 포함하는 구인·구직 데이터가 어떤 특정한 인터넷 서비스 데이터베이스에 담기는 것이 적합한지도 생각해 봐야 한다. 블록 데이터를 통해 체인화되는 블록체인을 통해 누구나 합의할 수 있는 방안으로 신뢰와 보안성을 확보하는 방안에 대해 숙고할 필요성이 대두되고 있다. 누구나 확인할 수 있다는 장점을 보유하고 있으면서도 누구도 데이터의 정보를 확인할 수 없으며 누구도 변조시킬 수 없는 블록체인 데이터는 시대적인 요구에 의한 방법이다.

12

구인·구직에도 블록체인이 필요하다는
사회적 증거들

세계적인 석학으로 주목받는 유발 하라리는 그의 최근 저서인 『21세기를 위한 21가지 제언』을 통해 블록체인이 사회·경제적으로 미칠 파급력에 관해 이야기한다. 그는 블록체인과 비트코인 같은 암호화폐가 기존 통화 체계를 완전히 재편하면서, 결국에는 근본적인 세제 개혁이 불가피해질지도 모른다고 일갈하고 있다. 왜냐하면, 그는 대부분의 금융 거래가 국가 통화나 어떤 화폐로 명확히 교환하는 방식을 취하지는 않을 것이라고 예측하고 있기 때문이다.

이렇듯 블록체인이 제시할 미래의 모습을 제안했던 유발 하라리의 말과 같이, 블록체인은 통화의 혁명을 필두로 다양한 산업 영역에 혁명을 몰고 올 것이다. 블록체인이 기술적 접근뿐만 아니라 혁명적 방식으로 사회를 변화시키리라는 것을 이미 유발 하라리도 인정하고 있는 것이다.

이런 블록체인 혁명은 구인·구직 방식에도 커다란 혁명을 몰고 올 것이 자명해 보인다. 지금부터 그런 사회적 증거들을 살펴보고자 한다.

첫째, 임시직이라 일컫는 프리랜서가 점점 증가하고 있다.

최저 임금 상승 등에 따라 정규직 직원 채용에 대한 부담 가중으로 프리랜서를 이용하는 비중이 점차 증가할 것이다. 실제로 2020년에는 북미 노동 인구의 50% 이상이 임시직 일자리로 채워지게 된다고 한다. IT 기술의 발전으로 인해 일자리의 변화가 일어나고 있고, 다양한 사회적 현상(개인화, IT 기술 발전에 따른 다양한 협업 툴과 커뮤니케이션 툴 출현, 임금 상승으로 인한 정규직 채용에 대한 시각 변화, 일과 삶의 균형을 원하는 사회적인 시각과 현상 등)으로 인해 시간이 흐를수록 전 세계적으로 임시직 일자리는 증가할 것으로 예측된다. 이것은 당연한 순서이다. 국내에서도 최저임금의 급격한 상승으로 인해 임시직 일자리는 점증적으로 증가할 것으로 예측된다.

둘째, 자본주의의 붕괴로 인해 부의 상위층 집중 경향이 짙어지고 있다.

1913년부터 2012년까지 미국의 소득 상위 1%의 세전 소득이 차지하는 비율을 보면 대공황 발생 전해인 1928년에는 상위 1%가 미국 총소득의 21.1%를 차지했다. 향후 50년 동안 이 수치는 1976년에 낮게는 8.3%까지 떨어졌다가 2007년에는 21.5%로 올라갔다. 세계적인 불경기를 겪고 난 2011년에는 18.8%로 하락했으나 2012년에는 19.6%로 다시 상승했다. 이러한 수치를 통해 오늘날의 소득 집중이 1920년대와 비슷하고 제2차 세계대전 이후와 비교해 보면 두 배 이상 높다는 사실을 알 수 있다.

통계를 좀 더 자세히 살펴보면, 1979년부터 2009년 사이에 대부분 노동자의 세후 소득은 침체 상태에 머물렀지만, 상위 1%의 소득은 급격하게 상승했다. 노동자를 네 그룹으로 나누어 실제 소득 수령액의 증감률을 계산해 보니, 30년 동안 소득 상위 1%에 속하는 사람들의 소득은 155% 상승했고, 그다음 19%에 속하는 사람들은 58%, 중간 60%에 속하는 사람들은 45%, 하위 20%는 소득이 37% 올랐다. 이런 추이를 보며 대중은 현 체제가 일반인에게 불리하도록 조작되었다는 생각과 함께 환멸을 느끼게 된다.

셋째, 실업은 상당한 사회 불안을 야기한다.

이미 유럽과 중동 남미 등에서는 이런 사회적 불균형에 의한 사회 문제가 커지고 있다.

이런 사회적 불안 요인을 예방하고 대처하기 위해서는 일자리가 매우 중요하다. 그러나 이런 일자리는 로봇과 인공지능으로 인해 점차 줄어들 것인데, 우리는 과연 어떤 대안을 준비해야 할까?

사람 본연이 가진 데이터에 대한 소유권을 인정하고 이것을 이용하고자 하는 자본가 혹은 기업가에게 비용을 청구하는 사회 제도가 필요하다.

사람 본연이 가진 데이터를 사용하고 대가를 명확하게 주기 위해서는 블록체인이 필요하고, 이것은 일자리 연결과 일자리 시도에 대한 대가를 참여자인 각 개인에게 되돌려 주어야 가능해질 것이다.

이런 이유로 블록체인 철학이 탄생하였고, 블록체인은 좀 더 많은 사람에게 보편타당한 자본주의의 실현을 위해 필요한 경제 사상을 대변하고 있다. 기술의 혁신으로 인해 임시직과 프리랜서 형태의 일자리는 지속해서 증가할 것이고, 이는 전 세계 노동 시장의 현상으로 급속히 퍼질 것이다. 자본주의가 붕괴되며 노동 소득보다 자본 소득이 엄청나게 증가하면서 자본 소득이 사회 부가 창출의 큰 부분을 차지하고 있다. 이에 따라 자본을 소유한 자본가들은 더 많은 소득을 확보하게 되고 이에 대한 쏠림이 급속도로 편중되는 현상이 당분간 지속될 것이다.

상기의 두 가지 이유에 의해 자본가는 자본 소득과 로봇과 인공지능을 활용한 생산성 향상에 힘입어 스스로 더 효과적인 소득 증가를 이루게 된다. 이에 따라 실업은 전 세계적인 문제가 되고, 실업으로 인해 사회 불안이 야기되는 암울한 미래가 예상되는 시점이다. 물론 현재도 이런 문제가 커다란 사회 문제임은 몇몇 나라에서 이미 목격되고 있다.

이와 같은 현상을 극복하고자 공유 경제의 사상이 싹튼 것이고, 공유 경제의 올바른 정착을 위해 블록체인 기술 기반이 사회적으로 필요하다는 것을 우리 스스로 깨닫게 되었다.

블록체인은 이미 존재했던 기술이다. 그러나 이전 시대에는 블록체인이라는 기술이 보유한 가치가 중요하지 않았고, 여러 가지 기술적 한계와 그것을 극복하기 위한 사회적 노력에 리소스를 투여하는 것은 그다지 중요하지 않으며 바람직한 현상이 아니었다.

반면에 이제는 블록체인이 사회·경제적 문제점들을 해결하기 위해 필요한 기술로 인정받기 시작했으며 이를 통해 사회·경제적 기반 사상으로 작용해야 한다는 것을 세계가 인정하기 시작한 것이다.

블록체인은 사회적 기술임과 동시에 사회·경제적 기반 사상으로서 많은 사람에게 필요한 기술이다. 단순히 기술로만 접근해서는 별 의미가 없을 수도 있다.

블록체인을 통해 자본주의의 붕괴와 기술적 진보로 인해 설 자리를 잃어가는 인간의 노동력과 본연의 모습에 대한 가치를 찾아야 할 필요가 있다.

이 지점에서 블록체인을 통한 개인 데이터의 자산화와 공정한 분배 논리가 일자리 연결에서부터 시작하는 것이 의미가 있다고 본다.

일자리는 개인들에게 자신이 보유하고 있는 내면을 나타내는 데이터에 대한 반대급부로 작용하면서 이것을 통해 스스로 다시 한번 자신의 데이터를 또다시 내면화하고 스스로를 발전시키고 성장시키는 일련의 활동을 시작하게 만드는 매우 중요한 도구이기 때문이다.

DE Recruiting-Decentralized Recruiting

경제학자 조지프 슘페터(Joseph Alois Schumpeter)는 기술 혁신이 새로운 경기 순환을 만들어낸다고 하였다. 또한, 기존의 것을 부수고 새로운 패러다임을 만들어내는 창조적 파괴만이 자본주의 경제에 역동성을 불어넣는다고 하였다.

유튜브는 이미 10년 전부터 사용자들이 증가하고 있었고, 5년 전에는 이것에 대해 준비하는 것이 필요하다는 얘기들이 많이 회자되곤 했다. 그리고 2~3년 전부터는 다양한 상품, 서비스들의 중요한 마케팅 채널이 되었고, 앞으로 그런 현상은 더욱 심화될 것이다.

유튜브 스타들은 몇십 억, 몇백억 원의 매출을 올리는 기업이 되었고, 심지어 5살 아이가 수백억 원에 이르는 매출을 유튜브를 통해 올리고 있기도 하다.

유튜브 이전에 우리는 오버추어(Overture)가 시장에 던진 메시지를 확인할 수 있었다.

오버추어는 시대는 변화하고 있으며 현재에 머물지 말고 변화하는 시대를 잘 관찰하고 어떻게 해야 할지 결정해야 한다고 얘기해 주었다. 또한, 오버추어는 광고 방식이 단순히 사용자들에게 노출되는 배너 방식에서 검색 광고로 넘어가고 있음을 인지시켜 주었고, 실제로 인터넷 시대는 검색 광고로 변했다. 유튜브나 오버추어는 기술 혁신이 새로운 경기 순환을 만들어낸 사례로 들 수 있다.

모바일 시대가 도래하는 현재는 유튜브가 광고 방식이 영상으로 넘어가고 있다는 메시지를 이미 세상에 던졌고, 그것을 캐치한 사람은 선도자의 위치에서 중요한 역할을 하고 있다. 선도자들은 시대가 요구하는 것을 빨리 캐치하여 실제로 적용한다. 시대의 요구 사항을 빨리 캐치하여 시대를 선도하는 것은 그들의 몫이다. 하지만 그렇게 시대를 선도하는 선도자들이 만들어 가는 새로운 세상에 빠르게라도 적응한다면 새로운 기회를 포착해서 이익을 누릴 기회는 얼마든지 존재한다. 반면에 그런 흐름을 그저 쳐다보기만 했던 사람은 아무런 결과를 만들지 못하고 있다.

경제가 성장하는 원동력은 사람들의 지출 욕구를 자극하는 새로운 상품을 만들어내는 것이다. 그런 혁신을 만들어 내는 사람이 시대를 선도하고 경제를 선도하게 된다.

블록체인도 그런 관점에서 바라봐야 할 기술이다. 블록체인은 창조적인 파괴로 경제와 사회에 새로운 활기를 불어넣고 생산성을 높여 줄 혁신적인 기술이다. 다양한 영역에서 중앙 집중화된 시스템을 분산하여 시간과 비용을 절감해 줄 뿐만 아니라 일하는 절차까지 획기적으로 바꾸어 놓을 수 있다.

이제 새로운 기술은 사람과 사람 간의 연결이 인터넷 방식에서 블록체인 방식으로 변화해야 한다는 메시지를 우리에게 던지고 있다.

블록체인은 단순히 기술이 아니라 세상을 성장시키고 진일보시킬 새로운 사회·경제 철학이다. 새로운 시대는 새로운 기술을 통해 생산성을 높이고자 하며 이를 통해 일자리는 블록체인으로 인해 좀 더 민주화되고 개인적인 일이 된다. 지금보다 더욱더 많은 개인 기업가가 생겨난다. 블록체인을 통해 만들어지는 스마트 콘트랙트(Smart contract)를 통해 기업과 개인, 개인과 개인, 정부와 개인 간의 일자리 거래가 충분히 가능하게 된다.

이러한 시대적 기대와 흐름은 거스를 수 없다. 일자리는 그렇게 다양한 방식으로 거래가 되고 흘러간다. 따라서 사람 간의 연결에 의한 일자리 중개는 더욱 늘어날 것이다. 그러므로 지인을 통한 추천 방식의 일자리 중개는 매우 중요해진다.

여기에 인공지능이 추가되어 최적의 연결 기술이 필요할 수도 있지만, 인공지능에 의해 발생하는 최적의 매칭보다는 사람과 사람 간의 일자리 추천과 연결이 더욱 중요한 매개체이자 매칭의 중요한 포인트가 된다. 왜냐하면, 인공지능이 만들 수 있는 일자리 매칭은 엄연히 한계가 존재하기 때문이다. 인공지능은 사람에 대해 분석할 수 있다. 그 분석은 사람이 생산해낸 데이터를 기본으로 한다.

사람이 생산해낸 데이터는 그 사람의 성향이 담기게 된다. 이를 구체적으로 예를 들어 살펴보면, 좋아하는 색상, 좋아하거나 싫어하는 영화, 선호하는 도서 분야 혹은 분류, 자주 방문하는 식당의 종류, 좋아하는 패션 스타일, 선호하는 사람들의 분류 등이다. 이는 SNS를 통해 알 수 있기도 하고, 그 사람이 직접 입력한 —이건 정확하다고 볼 수 있을지 아무도 장담하지 못한다. 자신을 충분히 알고 있거나 자신 있게 스스로를 안다고 할 만한 사람이 도대체 몇 명이나 될까?— 개인 성향이나 개인에 대한 신원 데이터 그리고 경험치를 통해 입력한 데이터를 통해서도 알 수 있다. 이렇게 수집한 데이터를 기반으로 하여 그 사람과 적합한 기업이나 공고를 매칭하는 방식을 쓸 수 있다. 그렇지만 이는 사실 어려운 과정이다. 그 사람에게 적합한 기업이나 공고를 찾기 위해서 다양한 요소를 고려하기란 매우 어렵다. 너무 많은 요소를 고려하다 보면 오히려 그 사람에게 맞지 않는 정보를 추천할 수도 있고, 경우에 따라서는 아예 적합하지 않은 정보가 매칭이라는 테두리 내에서 제공될 가능성 역시 매우 크다. 그 이유는 바로 데이터 편향이 매우 크기 때문이다.

데이터는 그 사람을 대변하지 못하는 경우가 많다. 이건 나중에 좀 더 자세히 살펴보겠지만, 어떻게 그 사람이 쌓아온 데이터만 가지고서 그 사람의 미래를 정확하게 예측할 수 있겠는가? 이건 그 사람이 구매했던 신발, 가방, 옷, 음식과는 다른 차원의 문제이다.

만약 어떤 사람이 몇 달 전부터 기저귀를 정기적으로 구매하고 있다면 그 사람에게 분유 —이것도 기저귀 구매 단계에 따라 적합하게 매칭해서 제안할 수 있다— 를 구매하는 건 어떨지 질문하고 추천할 수 있다.

반면 어떤 사람이 과거에 어떤 지역의 산업단지에 있는 전자 부품 제조사에서 총무 업무를 했다면 그 사람에게 좀 더 규모가 크거나 전도유망한 전자 부품 제조사의 총무 업무를 추천할 수는 있다. 그러나 그 외의 기업이나 직무를 추천하는 것은 그 사람에게 얼마나 흥미를 유발하거나 적합할지에 관해 인공지능이 분석하기가 어려운 부분이 존재한다.

그러나 사람은 다르다. 즉, 사람이 자신의 주변인을 알고 느끼며 그 사람에게 필요한 직장(기업)과 직무를 추천하는 것은 인공지능보다 좀 더 개연성이 있을 가능성이 크다.

그건 사람이 가지는 다양한 관계를 통해 인공지능이 모르는 '감' 혹은 '느낌'에 기반한 추천이기 때문이다. 이는 단순히 자기 주변인의 데이터를 정확하게 확인하지 않고도 가능하다. 그것이 사람과 기계가 다른 부분이라고 할 수 있다.

사람 간의 관계에 의해 알 수 있는 그 사람에 대한 느낌과 그것을 통해 얻는 인사이트(Insight)를 통해서 사람은 기계보다 훨씬 더 개연성 높은 추천을 할 수 있다. 한편으로, 이러한 사람 간의 일자리 추천은 우리 주변에서 충분히 일어날 수 있지만, 그렇지 못하고 이에 대한 전문가가 존재하는 영역도 있다. 현재는 헤드헌터, 리크루터라는 전문가 집단이 이런 사람 간의 연결을 전문적으로 수행하고 있다. 사람 간에 충분히 발생할 수 있는 개인 간 연결, 즉 지인 추천을 시스템화한다면 일자리 매칭 시장에 더 큰 효익을 제공해 줄 수 있다. 물론 이러한 시스템화를 중앙 플랫폼으로 할 수도 있지만, 이 경우 참여자의 참여 기제가 약할 수밖에 없다. 참여에 대한 동기 부여가 부족하기 때문이다. 반면에 이러한 시스템을 블록체인 기반으로 구축한다면 참여 기제가 높아지고 참여자는 또 다른 참여자를 이끌어내는 선순환을 만들 수 있게 된다. 이것이 어떻게 가능한지 그 이유를 하나씩 살펴보도록 하자.

중앙에서 통제하는 방식으로 사람 간의 추천을 유도하기 위해서는 강력한 보상이 필요하다. 사람들은 타인에게 베풀 수 있는 충분한 선의를 보유하고 있기도 하지만, 그런 선의를 수행하는 데 어려운 과정이 있다면 실행에 어려움을 겪기도 한다. 그러므로 내 지인이 일하게 되면 정말 좋을 것 같은 채용 포지션을 봐도 추천 과정에서 발생하는 사소한 귀찮음으로 인해 지나쳐 버리는 경우가 비일비재한 것이다. 이것을 해결할 수 있는 건 아주 강력한 경제적인 보상인데, 사업가에게는 이런 강력한 경제적인 보상을 제공하면서까지 비즈니스로서 운영할 만한 동기가 발생할 동인이 부족하다.

물론 적정한 수준에서 합의가 이뤄지면 가능할 것이다. 그러나 분산화된 방식인 블록체인에서는 투여할 수 있는 자금이 수많은 노드로 나눠진 환경 구조에서 이러한 보상 시스템의 운용 가능성이 더욱 커진다. 또한, 블록체인의 장점은 발행된 암호화폐에 대한 미래 기대 가치이다. 이런 관점에서 살펴보면 사람 간의 추천을 통해 매칭을 효과적으로 유도할 수 있는 시스템은 블록체인 기반으로 구축하는 것이 합리적인 선택이다. 그리고 블록체인에서 구축되는 시스템이기 때문에 블록체인이 효과적으로 구동될 수 있게 하는 암호화폐도 발행할 수 있다. 발행된 암호화폐는 블록체인 네트워크를 구동하게 할 수 있는 동기를 참여자에게 제공한다. 또한, 개인이 입력한 데이터에 대한 가치를 인정하는 대가로써 참여하는 개인에게 암호화폐를 제공한다. 즉, 개인이 가진 데이터 본연의 가치에 대해 블록체인 기반의 참여 네트워크는 암호화폐를 통해 강력한 보상을 제공해 줄 수 있다는 것이다. 이렇게 보상으로 제공되는 암호화폐는 블록체인 네트워크 초기에 네트워크 운영을 위해 발행된 암호화폐 풀(POOL)에서 제공된다. 초기 네트워크 운영 당시 합의된 일정한 규칙에 기반을 두어 발행된 암호화폐는 네트워크를 운영하는 노드들에게 대가로 제공되기도 하고, 개인 데이터 참여에 대한 보상으로써 제공되기도 한다. 참여한 개인 데이터는 구인·구직 과정에서 꼭 필요한 마중물이자 쌀로써 필요한 각 기업의 일자리 공고에 매칭된다.

이런 방식의 분산화된 블록체인 네트워크 시스템에서는 분산화된 시스템으로 인해 개인의 참여와 보상이 가능하지만, 중앙화된 시스템에서는 막대한 비용을 감당하기 힘들어서 운영의 효율성이 떨어지므로 동기 부여가 발생하지 않는다. 앞서 살펴보았듯이 구인·구직 과정에서의 블록체인 적용 방식은 다양한 영역에 적용할 수 있으며 이런 보상 기제를 통해서 개인 데이터의 가치 확보를 제2의 인터넷이라고 일컫는 블록체인이라는 신뢰 인터넷 기반에서 훌륭하게 구동할 수 있다.

블록체인이 만드는 구인·구직의 가치 증대

구인·구직과 관련된 데이터의 홍수 속에서 데이터의 고립과 정보의 독점 현상을 타파하려면 '블록체인 데이터'라는 새로운 비전이 필요하다. 블록체인 데이터는 인과성이 아니라 연관성을 강조하며 구인·구직 데이터에 대한 데이터 통합을 고려하게 된다. 구인·구직 데이터는 쪼개진 중개 플랫폼을 통해 각자의 영역에서 사유화되고 독점화된 채로 보관되면서 데이터 통합에 대한 접근을 전혀 실행하지 못하고 있다.

구인·구직에 대한 데이터는 블록체인 데이터로 통합되어 효율성과 효과성 측면에서 구직자와 구인자에게 더 큰 효율과 효과를 동반할 수 있다. 수많은 데이터의 각 노드를 블록 데이터로 연결하여 연결이라는 측면에서 구인·구직의 본질인 '구인·구직 매칭'을 더욱더 효율적으로 만들 수 있는 기반이 된다.

기존의 구인·구직 방법을 살펴보면 구직자는 구직하고자 하는 욕구가 있을 경우 이것을 알리기 위해 상당히 많은 시간과 노력을 투입해야 한다.

실례를 보면 구직자는 구직 활동을 위해 처음부터 온라인 구인·구직 사이트에 방문하고, 해당 구인·구직 사이트의 가입 절차에 따라 개인의 신상 정보를 입력하고, 이후 이력서와 자기소개서(경력 소개서)를 작성하게 된다.

이렇게 작성된 이력서와 자기소개서(경력 소개서)는 작성한 온라인 구인·구직 사이트의 데이터베이스에 등록된다.

적극적으로 구직 활동을 하고자 하는 구직자는 특정한 온라인 구인·구직 사이트에 등록한 이력서와 자기소개서를 통해 원하는 기업에서 등록한 특정한 공고에 따라 온라인으로 입사를 지원하게 된다. 그러나 여러 기업에 지원하고자 하는 구직자는 하나의 온라인 구인·구직 사이트에서만 기업과 공고를 검색할 수 없다. 또 다른 온라인 구인·구직 사이트로 이동하여 원하는 기업을 검색하게 된다. 문제는 온라인 구인·구직 사이트는 여러 곳이 있으며 모든 곳에서 동일한 절차, 즉 회원가입을 위해 개인 신상 정보를 입력하고 이력서를 작성하고 자기소개서를 작성하는 절차를 여러 번 반복해야 한다는 것이다. 심지어 온라인 구인·구직 사이트에 원하는 기업들의 공고가 없고 해당 기업의 채용 홈페이지가 별도로 있다면 그러한 절차를 또다시 반복하게 된다.

이럴 경우 한 명의 구직자는 수차례 동일한 절차를 통해 기업에 입사를 지원하거나 심지어 수십 번의 동일한 절차를 통해 기업에 입사 지원하게 될 수도 있다.

한 곳의 온라인 구인·구직 사이트에 등록하는 이력서, 자기소개서
는 여러 개가 될 수 있으므로 수십 번의 이력서, 자기소개서 작성은
일반적인 현상이다. 적극적으로 구직 활동을 하는 구직자의 경우에는
이력서, 자기소개서를 수백 번 작성하게 된다.

이렇게 수백 번 작성한 이력서, 자기소개서를 입사를 희망하는 기업
에 지원하고 제출하지만 지원한 서류는 반환되지 않는다. 게다가 탈락
하는 경우에는 왜 탈락했는지도 모를뿐더러 심지어는 탈락에 대한 통
보도 일체 받지 못하는 경우가 비일비재하다.

그리고 이렇게 버려지는 시간, 즉 사회적 비용은 엄청난 에너지 낭비
로 작용하게 된다.

이런 낭비를 방지하기 위해서는 하나로 통합된 구인·구직 연결 데이
터 네트워크가 필요하다. 통합된 구인·구직 네트워크에는 하나로 연
결된 구직 데이터와 구인 데이터가 있어야 한다. 그러기 위해서는 하나
의 큰 데이터 저장소가 필요한데, 기존에 데이터를 저장하는 방식으로
는 해결하기 힘들 수 있다. 그러므로 그 대안으로 블록체인 데이터를
생각해 볼 수 있다. 블록체인 데이터를 통해 하나로 통합된 큰 데이터
저장소를 만들 수 있다.

이렇게 만들어진 통합된 큰 데이터 저장소를 통해 구인·구직에 참
여하는 참여자들은 더욱 효과적인 연결의 기반을 마련할 수 있게 된
다. 앞서 언급한 바와 같이 구직자는 구인·구직 시장에서 상대적으로

약자의 위치에 있으므로 —명확히 얘기하자면 구직자가 구인·구직 시장에서 상대적으로 약자의 위치일 필요는 없다. 구인·구직 과정에서는 구직자도 구인 기업을 정확히 알아야 하는 과정이 필요하고, 구인 기업도 구직자를 정확히 알아야 하는 과정이 필요하다. 이런 과정이 인터뷰, 즉 면접이라는 과정을 통해 진행되어야 하지만, 구직자는 자신의 목숨줄이 걸려 있을 수도 있는 구인·구직 과정 자체에 상당한 시간과 노력을 들이고 있다. 이에 따라 하나하나의 구직 과정이 매우 중요하기에 상대적으로 약자의 위치에 서게 된다. 물론 이런 상황은 구인 기업과 구직자 간에 발생하는 정보 불균형 문제에서 기인한다— 수많은 이력서와 자기소개서(경력 소개서)를 작성하게 된다. 이런 불편함을 해결하기 위한 방편으로 하나의 큰 데이터 저장소를 통해 자신의 이력과 경력을 업데이트하고 관리할 수 있어야 한다.

한편으로, 하나의 데이터 저장소가 이러한 역할을 하기 위해서는 변조의 위험과 탈취의 위험을 방어할 수 있는 기반이 마련되어야 한다. 이런 측면에서 살펴보면 블록체인이 가진 데이터 저장 방법이 아주 적합한 방법임이 드러난다. 블록체인은 비가역성으로 인해 한 번 기록된 데이터는 변조의 위험이 없다. 게다가 블록체인이 가진 데이터 구조로 인해 51% 어택이 발생하기 힘든 구조이므로 탈취의 위험이 없다. 또한, 블록체인을 어떻게 활용하느냐에 따라 변동의 요소는 일부 있지만, 블록체인은 기본적으로 모두 공개된 원장이므로 신뢰를 기반으로 한다. 블록체인에 기록된 원장이 모두 공개된 원장이라고 해서 모든 정보가 탈취되는 것은 아니다. 해당 블록 데이터를 운영하는 방법에 따라 해시함수에 의해 암호화되고 개인 프라이빗 키로 복호화하지 않으면 해당 데이터가 누구의 데이터인지 확인할 수 없다. 또한, 영지식 증명(Zero-Knowledge Proof)과 같이 블록 데이터의 주인을 밝히지 않고도 거래를 가능하게 하는 기술적 논의는 지속해서 논의 중이며 발전하고 있다.

이런 기술적 측면에서 블록체인 데이터는 구인·구직 과정에 꼭 필요한 개인에 대한 신상 정보와 민감 데이터를 등록하더라도 안전하게 보관할 방법이 있고, 구직자가 수많은 개별 구인·구직 사이트를 돌아다니면서 일일이 동일한 데이터 등록을 반복할 필요 없이 하나의 데이터 저장소에 안전하게 등록하고 지속해서 관리할 수 있다. 여기에 신뢰성 있는 기관들이 참여하여 노드를 운영할 수 있는 프라이빗 네트워크를 구성하여 참여하는 노드들이 신뢰를 주게 된다면 구인·구직의 프로세스를 현재보다 훨씬 효과적이고 효율적으로 운영할 수 있는 기반을 마련할 수 있다. 블록체인은 이러한 방식으로 구인·구직 과정을 신뢰성 있게 보장할 수 있다.

또한, 블록체인에 참여하는 노드들에게는 노드를 운영하는 데 대한 보상을 제공해 주어야 한다는 이슈가 존재한다. 노드들은 참여자들이 등록하는 각 데이터를 안전하게 보관하고 사용자들이 데이터에 대한 열람과 상호 커뮤니케이션 그리고 상호 구인·구직에 대한 파이널리티(Finality)를 확정 짓기 위한 트랜잭션(Transaction)을 실시간으로 구동시키기 위한 컴퓨팅 파워(CPU나 그래픽카드의 연산력의 합)를 제공한다. 이런 컴퓨팅 파워 제공에 대한 반대급부로 일정한 보상을 제공받아야 할 필요가 있다. 이런 보상을 위해 각 노드는 일정한 규칙을 정하여 네트워크에서 발생하는 코인(토큰)을 발행할 수 있다. 발행된 코인(토큰)은 참여자들에게 분배되고, 분배되는 코인(토큰)은 참여자들 간에 트랜 잭션에 대한 반대급부로 활용된다. 일례로, 네트워크에 참여하는 구인 기업은 네트워크 운영 노드들이 일정한 규칙에 따라 발행한 코인(토큰)을 구매하여 구직자가 올린 이력, 경력 정보에 접근 권한을 가질 수 있고, 해당 구직자와의 면접 요청에도 일정한 수량의 코인(토큰)을 구매하여 면접 참여에 대한 보상으로 구직자에게 제공할 수 있으며, 해당 구직자의 최종 합격을 결정할 경우 적정한 인재를 채용했다는 최종 결정에 대한 반대급부로 네트워크에서 발행한 코인(토큰)을 구매하여 네트워크를 운영하는 노드들에게 보상으로 제공할 수 있다.

반면에 참여자의 한 축인 구직자는 자신의 데이터를 네트워크에 참여하게 함으로써 구인·구직 과정에서 발생하는 필수 과정에 참석에 대한 보상으로 네트워크가 발행한 코인(토큰)을 받을 수 있다.

또한, 네트워크를 운영하는 참여 노드들은 일정한 규칙에 따라 발행된 코인(토큰)을 운영하면서 발생하는 토큰 시뇨리지(Token Seigniorage)를 통해 네트워크를 운영하는 데 대한 보상을 받게 된다.

이렇듯 구인·구직 블록체인 네트워크는 구직자, 구인 기업, 운영 노드 모두 각자의 입장에서 취할 수 있는 이익을 취득할 수 있는 구조로 운영됨과 동시에 어떤 참여자라도 피해를 보는 구조가 아니다. 또한, 블록체인 네트워크를 운영함으로써 얻게 되는 구인·구직의 효율성을 통해 오히려 현재 각 레거시(Legacy) 시스템을 운영하면서 얻는 효율성보다 큰 효익을 사회적으로 제공할 수 있는 구조를 구축할 수 있다.

즉, 현재 레거시 시스템보다 훨씬 더 효과적인 운영 방법임을 알 수 있다.

블록체인을 통해 구축되는
구인·구직 과정의 신뢰

구인·구직의 본질은 깊은 신뢰에 기반해야 한다.

따라서 신뢰라는 덕목은 구인·구직 프로세스에서 아무리 강조해도 지나치지 않는 법이다.

채용 시장에 참여하는 각 참여자, 즉 구직자와 구인 기업(참여하는 참여자가 더 많기는 하지만 편의상 구직자와 구인 기업으로 구분함) 모두 신뢰라는 기본을 지키며 시장에 참여해야 하고 그렇게 참여한다. 물론 간혹(혹은 너무 많이) 이런 신뢰에 기반하여 참여하지 않는 당사자들이 많아질 수도 있다. 이건 어떤 경우일까?

가장 대표적인 것은 '취업 사기'이다.

취업 사기에는 다양한 유형이 있지만 가장 많은 유형은 '대포 통장' 및 '금전 갈취'이다. 이외에도 구직자들이 겪는 취업 사기는 많다. 성폭행 문제가 발생하기도 한다. 이처럼 구직자가 상대편의 참여자에게 당하는 취업 사기가 가장 일반적인 방식이다.

하지만 구직자라고 해서 무조건 취업 사기의 당사자가 아니라고 말할 수는 없다. 구직자들은 취업 시장에 참여하면서 공공연히 취업 사기를 저지르고 있다.

경력 과대 포장이 가장 흔한 경우이고, 경력 위조, 학력 위조, 학력 포장 등의 취업 사기가 발생하기도 한다(물론 이것을 취업 사기라고 강하게 지칭하기엔 반론의 여지도 있긴 하지만, 그래도 이는 엄연히 취업 사기라고 할 수 있다).

채용 시장은 서로 간의 깊은 신뢰를 기반으로 인터랙션이 발생하는 시장이어야 한다. 채용 프로세스를 진행하는 과정에서 신뢰를 기반으로 최종 채용 확정을 한 후에라도 어떤 측면에서라도 거짓이 확인되면 해당 채용 결정은 무효가 될 수 있다. 이것은 매우 큰 기회비용이기도 하다. 그런 관점에서는 구인·구직 과정에서 신뢰의 측면을 아무리 강조해도 지나치지 않는다.

구인·구직 연결에서 발생할 수 있는 취업 사기 문제는 사회적으로 큰 문제이다. 이런 사회적인 낭비를 사전에 방지하는 측면에서도 구인·구직 프로세스의 신뢰 확보는 매우 중요하다. 그렇게 하기 위해서는 프로세스의 신뢰 확보를 위해 블록체인 네트워크(P2P Blockchain Recruiting Network)에 공개될 내용과 공개되지 않아도 될 정보와 트랜잭션을 잘 구분하여 선택적으로 운영하면 된다. 즉, 블록체인에 올릴 내용(On Chain, 온 체인)과 그렇지 않을 내용(Off Chain, 오프 체인)을 잘 구분한다면 프로세스에 부담을 주지 않으면서 신뢰 확보 프로세스를 구축할 수 있다. 앞으로 좀 더 기술적 진보가 필요하겠지만 프로세스 설계적으로 문제가 될 이슈는 없다.

기업과 구직자는 각자의 목적에 따라 블록체인 채용 커뮤니티에 참여한다. 이는 기존에 웹에서 존재했던 커뮤니티와 유사하다. 웹에서 진행되었던 커뮤니티 방식의 특징은 누구나 참여할 수 있다는 것이다. 구직을 원하는 개인이든, 구인을 원하는 기업이든 각자의 입장에서 커뮤니티에 글을 올리고 각각의 입장을 홍보할 수 있다. 또한, 등록된 홍보 글에 자유롭게 댓글로 참여할 수 있고, 답변이 적극적으로 오가기도 한다. 구직자는 구인 기업의 채용 담당자가 올린 글을 보고 이메일이나 해당 기업의 홈페이지 링크를 통해 입사 지원을 하기도 한다. 이런 방식 측면에서는 웹 커뮤니티나 블록체인 커뮤니티나 유사하다고할 수 있다.

블록체인 커뮤니티가 웹 커뮤니티보다 특별히 다른 점은 참여 결과에 대해 최종 확정을 할 수 있고, 이런 확정을 신뢰성 있게 만드는 방식이 가능하다는 점이다. 블록체인 채용 커뮤니티에서는 채용이 확정되면 스마트 콘트랙트를 통해 트랜잭션의 최종 결과가 확정된 것이고, 이런 최종 결과 확정에 대한 보상을 커뮤니티 네트워크에서 진행할 수 있다. 커뮤니티 참여자는 이것에 대한 보상을 합의로 결정한다. 그러기 위해서는 보상에 대한 자금 수혈이 필요하고 이것은 기업의 참여 시에 확보된다. 즉, 기업은 블록체인 커뮤니티 참여하기 위해서 토큰을 사야 하는데 이것이 곧 재원이 된다. 기업, 즉 구인하고자 하는 참여자들이 제공한 토큰은 커뮤니티 토큰 풀에서 제공된다. 커뮤니티 토큰 풀에서 제공되어 구인하고자 하는 참여자가 커뮤니티에 디파짓 (Deposit)시킨 토큰은 채용 확정을 통해 보상으로 제공되며 커뮤니티는 이를 통해 지속해서 운영할 수 있는 컴퓨팅 파워를 확보할 수 있다. 이런 컴퓨팅 파워를 유지하기 위해서는 지속적인 채용 확정이 이뤄져야 하며 이를 위해서는 각각의 커뮤니티에서 참여자 확보가 지속되어야 한다. 지속해서 참여자를 확보하기 위해서는 보상 시스템 설계가 매우 중요하다.

블록체인 커뮤니티는 채용 확정에 대한 보상을 합리적 수준으로 하기 위해서 사전에 정한 규칙에 준하여 스마트 콘트랙트를 통해 프로그래밍 방식으로 구동되도록 설계된다.

한편, 커뮤니티 유지를 위해 커뮤니티 토큰 풀에서 제공되는 토큰을 구매하여 커뮤니티에 참여하는 기업(구인하고자 하는 대상)은 구매한 토큰을 언제라도 회수할 수 있다. 그러나 기업이 하나 이상의 구인공고를 커뮤니티에 등록하여 진행하고 있는 경우에는 회수가 불가능하다. 기업에서 진행되는 구인공고에서 최종적으로 채용 확정이 되지 않으면, 일정한 기간을 두고 초기에 구매하여 디파짓한 토큰을 전량 회수할 수 있다. 회수하고자 하는 토큰은 커뮤니티 토큰 풀에 다시 매각하는 과정을 통해 매각 대금으로 회수할 수 있다. 이 경우, 일정한 수수료(5%)를 제하고 회수하는 방법으로 설계될 수 있다.

기업은 커뮤니티 참여를 하기 위해 일정한 가입 절차를 진행한다. 가입 절차는 기본 정보, 구인공고, 전자 지갑 생성 및 토큰 디파짓을 통해 진행된다. 토큰 디파짓은 최소한 하나의 구인공고에 대한 채용 확정 보상 금액이어야 한다. 디파짓을 위한 토큰 구매량은 블록체인 커뮤니티 유지를 위해 토큰 풀을 합리적으로 운영할 수 있는 방식으로 설계된 이후에 구체적으로 정할 수 있다.

구직을 원하는 개인은 커뮤니티에서 일정한 가입 절차를 통해 가입한다. 개인 정보, 이력 사항, 경력 정보, 전자 지갑 생성 등의 과정을 거쳐야 한다. 이런 가입 절차를 모두 끝낸 구직자는 일정 수량의 토큰을 보상으로 지급받게 된다. 이것은 커뮤니티 운영에 필요한 최소한의 데이터를 입력한 구직자에게 일종의 보상 개념으로 구동한다. 구직자는 입력한 정보를 기반으로 커뮤니티에서 추천하는 추천 공고를 보고 본인이 직접 지원 의사를 선택할 수 있다. 지원 의사를 피력한 공고에 대해서는 구인 기업에게 해당 사실이 통보되고 이후 개인 정보와 이력/경력 정보를 확인한 후 각각의 참여자가 알아서 채용 프로세스를 진행하게 된다.

또한, 어떤 경우에라도 채용 프로세스 진행 후에는 반드시 커뮤니티에 채용 확정이 되었는지, 안 되었는지를 알릴 수 있게 프로그래밍되어야 한다.

커뮤니티에 자주 참여하는 기업, 그리고 채용을 자주 확정하는 기업은 커뮤니티에서 신뢰가 높아진다. 이런 기업은 커뮤니티 신뢰 형성에 큰 영향을 주게 되므로 별도의 인센티브가 발생한다. 이는 커뮤니티에 참여하는 비용이 단계적으로 낮아지는 방식으로 제공될 수 있다. 초기 참여 시보다 10회 채용 확정 이후, 20회 채용 확정 이후에는 토큰 풀에서 보상으로 제공되는 토큰 구매량의 비율이 점점 낮아지는 인센티브를 적용받을 수 있다.

　반면, 커뮤니티에서 개인은 주변인을 특정 구인공고에 추천하는 추천자의 역할을 할 수 있다. 이를 추천자라고 명명할 수 있는데 추천자는 개인을 구인공고에 추천하거나, 추천서를 통해 해당 개인이 가진 직무 능력과 인성을 평가하는 평가자 역할을 하게 된다. 추천자에 의해 추천된 채용 프로세스를 거쳐 채용 확정이 되면 해당 추천자는 추천에 대한 보상을 커뮤니티 토큰 풀에서 받게 된다. 이 보상은 기업이 토큰 풀에 디파짓한 토큰에서 발생하는 보상금이다.

　한편 추천자는 커뮤니티에서 적극적인 활동으로 인해 추천하는 숫자가 많아지거나 추천에 의해 확정된 채용 성사가 많아질수록 커뮤니티 내에서의 영향력이 높아지게 된다. 영향력은 별도의 커뮤니티 지수로써 추천자에게 점수로 부여되며 점수가 높은 추천자에 의해 진행되는 추천은 더욱더 많은 신뢰가 쌓이고, 채용 확정에 대한 확률도 높아지는 구조가 된다.

블록체인과 집단 지성(P2P 네트워크)

블록체인의 핵심은 증명 방법에 있다. 블록체인은 분산된 복제 장부를 운영하는 것이므로 속도의 문제, 공개의 문제, 확장의 문제 등이 있다. 그런데 그런 문제들을 해결하기 위해 분산된 복제 장부를 모두 활용해서 네트워크를 운영하는 것이 아니라 그 하위에 자식 체인(네트워크)을 운영하면서 속도의 문제, 공개의 문제, 확장의 문제 등을 해결하고자 한다든지, 기업용으로 몇 개의 신뢰 노드가 운영하는 프라이빗 체인을 운영하기도 한다. 프라이빗 체인은 퍼블릭 체인이 아니므로 본질적인 블록체인 철학에는 위배되는 내용일 수 있지만, 참여하는 기업들 간에 발생하는 거래의 데이터 정합성을 담보하기 위한 방법으로도 큰 의미와 가치가 있다.

블록체인은 데이터에 대한 정합성 측면, 혹은 누구나 인정을 하는 측면에서도 무척 중요한 개념이다. 꼭 분산화된 경제(Decentralized Economy)를 실현하는 데만 목적을 가질 필요는 없다.

구인·구직에 이런 측면을 적용해 보면 구인·구직 프로세스에 참여하는 모든 참여자, 즉 구직을 하고자 하는 구직자와 구인을 하고자 하는 구인 기업, 구직자와 구인 기업을 연결하고자 하는 구인·구직 중개자(리크루터, 헤드헌터, 취업 코치)가 노드에 참여할 필요는 없다. 다시 말해서 체인 구성에 포함되지 않아도 된다. 참여자들이 신뢰할 만한 기관이나 단체가 체인을 운영하는 노드로서 참여하면 되고, 다른 참여자들은 그들을 믿고 체인에 참여하게 된다. 참여한 노드는 블록체인 기반의 블록 데이터를 운영하게 되므로 데이터 정합성 측면에서 참여자들에게 신뢰를 제공하게 된다. 또한, 체인을 운영하면서 발생하는 구인·구직의 트랜잭션(이력서 등록, 입사 지원, 면접, 채용)이 신뢰가 있다는 것을 증명해야 하고, 트랜잭션을 효과적으로 운영하기 위해 체인에서 운영하는 토큰을 보상으로 제공하면서 해당 체인의 트랜잭션을 키워 나갈 수 있다.

반복해서 하는 얘기지만, 구인·구직의 본질은 매칭이다. 이는 다르게 표현하면 구인·구직 시장에서 미스매치(Mismatch)를 최대한 줄이는 것을 지칭한다. 그러기 위해서는 미스매치를 최소화할 수 있는 시스템을 만드는 것이 무엇보다 필요하고, 이런 시스템을 블록체인을 기반으로 구축하게 되면 새로운 시스템을 통한 사회 가치 창출이 가능하다.

공고를 찾는 방법, 인재를 검색하는 방법, 입사 지원하는 방법, 서류 전형의 과정, 면접 진행 과정, 채용 평가 과정에서 발생하는 각 프로세스를 작게 쪼개어서 어떻게 만드는 것이 더 효율적으로 미스매치를 최소화할 수 있는지를 고민해 볼 필요가 있다. 그리고 그런 과정을 원활하게 하려는 목적으로 사용자들의 데이터를 확보하기 위해 사용자들을 모으는 좋은 콘텐츠를 제공해 주는 것이 구인·구직 서비스에 필요하다.

사람과 기업 간의 매칭은 다른 매칭보다 까다롭고 어려운 측면이 있다. 매칭을 제대로 하려면 사람의 행동 패턴(Behavior)을 명확히 분석해야 하고 사람의 마음(인식 패턴)을 읽어야 한다. 쇼핑이나 여행과 같은 콘텐츠는 매칭을 하는 데 있어서 조금 더 수월할 수 있지만, 채용 매칭은 이보다 좀 더 까다롭다. 사람의 행동 패턴과 마음을 읽기 위해서는 로그 데이터에 대한 분석과 사람 간의 연결 관계를 통해 이뤄질 수 있는 다양한 추천 관계를 분석해 봐야 한다. 이렇게 하면 의미 있는 결과를 도출하는 과정을 알 수 있다.

현재 구인·구직 온라인 서비스를 제공하는 채용 서비스의 문제는 그 구조가 열려 있지 않다는 데 있다. 그래서 기본적으로 오픈된 플랫폼, 즉 오픈 데이터 구조인 블록체인이 현재 구인·구직 서비스가 제공하지 못하는 오픈된 구조를 제공할 수 있다. 이렇게 오픈된 구조는 미스매치를 최소화하는 방법이 된다. 현재 구인·구직 서비스는 초기부터 개별적으로 폐쇄된 레거시(Legacy) 시스템으로 구축되었기 때문에 더 촘촘한 구인·구직 데이터 네트워크를 구성하는 데 있어서 스스로 한계를 만들고 있다. 이런 구조로는 최적의 매칭을 이루는 데 한계가 따를 것이고 어떤 특정한 영역 내에서 데이터 연결 매칭으로만 한정될 수 있다.

우리나라 직장인들은 여러 면에서 상당히 연결되어 있다. 어렵고 힘든 직장에서 조직원으로 같이 근무하면서 쌓은 동일한 감정을 통해 상당히 오랫동안 연결 관계를 유지하게 된다. 특히 학연으로 연결된 선후배 관계는 사회로까지 확대되어 끈끈한 관계를 지속하기도 한다. 학연에 의한 선후배 관계와 사회에서 쌓인 선후배 관계를 통해 비즈니스 연결과 커리어 연결을 활발히 진행하고 있다. 선배가 자신이 소속된 회사로 후배를 이끌어서 후배가 그 회사로 이직하는 경우가 있다. 혹은 직장 선후배가 한 기업에서 다른 기업으로 한꺼번에 이직하는 경우도 있다. 이렇게 발생하는 오프라인에서의 연결에 어떻게 온라인과 모바일로 효과적으로 대체하여 효과를 높일 것인지를 고민해 봐야 한다.

우리나라 직장인들이 오프라인에서 연결되는 비즈니스 관계와 커리어 관리 관계를 얼마나 더 관여도가 높고 시스템적으로 운영할 수 있는지 검증해 보면 의미가 크고 재미있을 것이다. 그런 측면에서 좀 더 의미 있는 비즈니스 연결 관계에 대해 도움을 받아서 효익을 느껴야 하고, 경력 개발과 이직을 통해 커리어 관리에 효익을 느낄 수 있는 블록체인 기반 연결 구조인 P2P 네트워크는 사용자들에게 새로운 즐거움을 줄 수 있다. 오프라인에서 발생하는 사람 간의 연결이라는 아날로그적인 연결을 뛰어넘어서 디지털, 즉 기술적인 연결을 더욱 효과적으로 효율성을 입혀 제공해 줘야 한다. 그래서 아날로그 감성이 있는 커뮤니티를 만들고 기술적 가치를 더할 수 있는 다양한 데이터를 촘촘하게 분석해야 한다. 단지 커리어 연결에만 그치지 않고 커리어 개발을 할 기회를 만들어 줘야 한다. 그래서 교육 콘텐츠 확보도 심도 있게 고민하고 실행해야 한다. 사람은 누구나 성장하고픈 욕구가 있고, 누구나 의미 있는 연결을 기대하고 있다.

현재 HR 산업의 문제는 HR 산업이라고 할 만한 전문 서비스가 없다는 것이다. 지금 리크루팅 서비스를 제공하는 플레이어들은 엄밀히 말해서 진정한 리크루팅 서비스라기보다는 광고 판매에 가까우며 오히려 HR 리크루팅 게시판이라고 보는 것이 맞을 듯하다. 즉, 미국의 크레이그리스트(Craigslist)와 같은 클래시파이드 광고판(Classified Advertising)이라고 보는 것이 더 적합할 것이다. 이는 다시 말해서 제대로 된 HR을 제공하지 못하고 있다는 것과 일맥상통한다. 제대로 된 HR 서비스를 제공하는 서비스 플랫폼이 필요하다. 여기에는 커리어에 관련된 전문 서비스가 있어야 한다. 나를 인지할 수 있는 커리어 설계 전문 서비스, 커리어 개발을 위한 교육 서비스, 커리어 매칭 서비스, 전문가 연결 서비스(프리랜서 매칭), 전문가 비즈니스 QA 서비스, 이직(커리어) 관리 서비스 등 해야 할 것들이 매우 많다. 현재 그런 HR 관련 전문 서비스를 제공하는 곳이 과연 얼마나 있을까? 현재는 암울하다. 그런 점에서는 앞으로는 누군가 그런 역할을 해내야 할 것으로 생각한다.

실제로 구직자와 기업은 미스매치 문제로 큰 곤욕을 치르고 있다. 구직자도 기업을, 기업도 구직자를 제대로 모르고 인연을 맺기 때문에 그렇다. 그러므로 제대로 인연을 맺는 과정에서 좀 더 관여도를 높이고 평가의 디테일을 높이는 서비스와 솔루션이 필요하다.

일례로, 사회에 진입하고자 하는 사회 초년생인 신규 구직자들과 현직에 근무하는 전문가들을 연계해서 그들이 궁금해하는 것을 알려 주고 그들에게 적정한 커리어 관리에 대한 코칭을 제공하며 적합한 일자리를 추천할 수 있는 연결 관계를 광범위하게 네트워크 구조로 연결한다면 그 의미와 가치가 클 것이다. 특정 분야에서 오랫동안 경험을 쌓은 전문가들은 그렇지 않은 사람들에게는 정말 훌륭한 각 분야의 멘토이자 커리어 코치가 될 수 있다. 이런 연결 고리들을 하나씩 만들어 가는 것이 HR 산업에서 진정으로 해야 할 미션이자 사회적인 가치의 창출이다. 그런 연결은 직장에 소속되어 있지 않은 잠재 구직자들에게 정말 큰 기회를 제공해 준다. 또한, 이를 통해 사회적으로 미스매칭을 단 몇 퍼센트라도 줄이기만 해도 사회적 가치와 효익은 정말 많이 증가한다.

HR 산업은 크게 보면 리크루팅업을 포함한 HRM 영역과 교육/훈련이 포함된 HRD 영역으로 구분할 수 있다. HRM 영역에서는 리크루팅 산업이나 인사 관리 영역에 대한 산업적인 구분이 모호하고 전문 서비스를 제공하는 기업들이 많지 않다. 또한, 해당 영역에 관한 기술 적용 속도도 매우 느리게 진행되고 있다.

HRD 영역도 유사하다. 성인 및 직장인 교육 시장은 잘게 쪼개진 채로 시장의 규모를 가늠하기 어렵고, 어디까지가 HRD 영역의 시장인지도 애매모호한 형태로 진행되고 있다.

구인·구직에서 최적의 매칭은 본질이고, 이를 달성하기 위한 테크놀

로지와 함께 사람 간의 연결 구조를 만드는 것이 필요하다. 그리고 이와 관련해서 참여자들을 유도하기 위한 콘텐츠 확대는 필수이다. 단순히 구인·구직에만 집중해서는 참여자들의 리텐션을 높이는 데에 한계가 있으며 비즈니스 확장성에도 심각한 어려움이 따른다. 즉, 구인·구직에만 집중하지 않는 구인·구직 참여자들에게 제공할 수 있는 핵심 콘텐츠를 확보하는 것이 핵심이다.

구직자는 구인 기업에 대한 정확한 정보를 알고 싶어 하고, 구인 기업도 물론 구직자에 대한 신뢰성 있는 정보의 확보와 평가를 정확히 하고 싶어 한다. 그러나 그런 역할을 제대로 수행해 줄 매개체나 플랫폼의 역량은 아직 매우 부족하다. 초보 수준에서 벗어나지 못하고 있다. 일례로, 채용 광고 상품과 이력서 검색 상품을 기업들에 판매하는 잡코리아, 사람인과 같은 채용 사이트는 이런 가교 구실을 제대로 해내지 못하고 있다. 채용 광고는 구직자들이 알고 싶어 하는 것을 철저히 외면한 채로 광고비를 많이 지불할 수 있는 기업 위주로 흘러간다. 이력서 검색 상품도 기업의 요구를 충족시키지 못하고 있다. 이런 시장을 혁신하는 것이야말로 리크루팅 산업을 한 단계 끌어올릴 수 있는 길이다.

그러기 위해서는 구직자가 알고 싶은 기업에서는 내가 찾는 직무와 해당 기업이 도대체 어떤 곳인지 명확히 알 수 있게 하고, 기업에서는 지원하는 구직자가 얼마나 신뢰 있는 정보를 우리 기업에 제시했고 얼마나 우리가 찾고자 하는 직무에 적합한 사람인지를 알게 해 주는 역할에 집중해야 한다. 이런 부분에서 볼 때 가장 중요한 것은 역시나 구직자와 구인 기업을 제대로 연결하는 매칭의 영역이다.

매칭은 인공지능 매칭이라는 모습으로 시도되고 있다. 인공지능 매칭은 사용자들이 남긴 데이터(입사 지원, 공고 조회, 관심 기업 설정, 관심 직종 및 산업 설정, 동일 입사 지원자들이 지원한 공고, 유사 기업 지원자 공고 조회 등)를 기반으로 이루어진다. 그런데 이런 데이터는 상당히 정교해져야 하며, 혹 정교해지더라도 만족을 주기에는 상당히 어렵다는 측면이 있다. 따라서 매칭의 방식이 인공지능이라고 해서 긍정적인 결과를 생산하지는 못한다. 바로 여기에 도전점이 있으며 이 지점에서 문제 인식을 해야 한다. '어떻게 하면 최적의 매칭을 이뤄낼 수 있을까'라는 도전 과제를 풀어내는 것이 리크루팅 산업의 본질이자 최대 과제이다.

리크루팅 영역에서 최적의 매칭이 어려운 것은 제품을 구매하는 것보다 훨씬 매칭의 난이도가 높기 때문이다. 로그 분석을 통해 머신 러닝으로 기계 학습을 시켜서 도출해내는 것은 아직도 초보 수준을 벗어나지 못하고 있다.

기계적인 매칭이 아니라 새로운 솔루션이 필요하고, 그 해답은 나를 잘 아는 친구이다. 나를 잘 아는 친구는 나에게 최적의 공고를 추천해 줄 수 있다. 친구의 추천을 신뢰성 있게 만드는 시스템을 구축하는 것이 가장 최적의 방법으로 매칭을 도와줄 수 있는 좋은 방법이다. 나를 옆에서 잘 지켜본 친구는 나를 잘 알기에 나에게 적합한 공고와 기업을 추천해 줄 수 있다. 이런 사람 간의 추천을 자연스럽게 만들어낼 수 있는 프로세스의 정립이 필요하다.

　최적의 구인·구직 매칭을 이뤄내기 위해서는 구직자가 활동하는 데이터만 가지고 매칭 기술을 고도화하는 것이 아니라, 구직자에게 적합한 '일'을 찾기 위해서 그 '일'을 하는 기업에 대해 다양한 정보를 충분히 파악하고 '일' 외적인 요인들도 분석하여 매칭에 활용하는 것이 중요하고 필요하다. 구인·구직의 혁신을 위한 문제는 그런 정보를 어떻게 제대로 확보하여 구직자에게 매칭 정보를 제공하고 해당 '일'에 지원하게 하느냐의 문제로 귀결된다. 그것을 달성하기 위해 다양한 노력이 있었지만, 그 노력들의 결과는 여전히 부족하다. 광고비를 중심으로 구직자에게 공고를 노출하는 방식으로는 최적의 매칭을 이뤄내는 노력들은 여전히 허점이 존재할 것이다.

　구인·구직 매칭을 최적화하는 데 상당히 중요한 것은 사람 간의 관계와 연결에 있다. 구인·구직 영역의 데이터 중심 연결에는 여전히 한계가 존재하고, 그 한계를 메울 수 있는 것은 사람에 의해서 가능하다. 일례로 많은 구직자와 구인 기업들이 방문하는 취업 서비스인 사람인이 성장한 핵심 중 하나는 웹 2.0 정신에 기반한 서비스에 있다. 인사통, 선배통, 댓글통으로 대변되는 참여형 콘텐츠와 대기업 공채에 대한 큐레이션 서비스가 그 핵심이다. 해당 콘텐츠를 사람인 자사의 인턴을 통해 확보하는 것도 좋았지만, 그렇게 하기에는 콘텐츠의 신뢰 측면과 운영 측면에서 엄연한 한계가 존재했다. 하지만 이런 콘텐츠는 여전히 구인·구직 프로세스에서 핵심이고, 이런 양질의 콘텐츠를 어떻게 확보할 것인가도 중요하다. 그런 살아있는 콘텐츠를 확보해서 기업에서 채용하고자 하는 직무에 대해 살아있는 정보를 얻는다면 그것이야말로 효과적인 매칭에 꼭 필요한 콘텐츠이다. 물론 이를 어떤 방식으로 확보하는가는 여전히 고민해야 할 숙제이다.

이렇듯 지금 리크루팅 영역에서 필요한 것은 정말 친한 친구에게서 소개를 받는 것과 같이 구직자에게 아주 적합성(FIT)이 맞는 일을 찾아주는 것이다. 이런 것을 가능하게 하기 위해서는 '일' 혹은 '일자리'를 중심에 두고 이것의 양쪽에 위치한 참여자들을 제대로 연결하는 촘촘한 연결 네트워크를 만드는 것이 필요하다.

블록체인으로 인해 참여자 모두가 촘촘한 연결 네트워크의 참여 노드가 되어 스스로 보상을 받을 수 있고, 스스로 촘촘한 연결 네트워크의 참여 노드로서 주인의식을 가질 수 있다. 참여에 따른 보상과 영향력을 점점 키워갈 수 있게 하는 이런 분산형 시스템을 구축하는 것이 촘촘한 네트워크에 필요할 것이다. 이 같은 촘촘한 네트워크 운영을 달리 표현하면 참여형 P2P 네트워크라고 할 수 있다. 또한, P2P 네트워크는 개인과 개인 간의 참여이므로 지인 추천 방식의 참여형 서비스라고 할 수 있다. 따라서 P2P 네트워크를 블록체인 기반의 지인 추천 채용 네트워크라고 명칭을 붙이기로 하자.

블록체인 기반 지인 추천 채용 네트워크 구축은 그런 의미에서 구인·구직의 본질인 매칭을 더 효과적으로 구축하고 더욱더 효율적으로 만드는 마법과 같은 방식이다. 그럼에도 불구하고 현재 단계에서는 이런 블록체인 네트워크를 제대로 구성하기가 쉽지만은 않다. 개인과 개인, 구직자와 구직자, 구직자와 추천자, 구직자와 구인 기업 채용 담당자, 추천자와 구인 기업 채용 담당자 등 이러한 다양한 노드 간의 연결 구조를 구성하는 데 어려움이 존재하겠지만 그런 연결이 제대로 완성되면 매칭 관점에서 상당히 큰 사회적인 가치 창출이 가능하다.

결국, 최적의 'FIT'이 맞는 연결의 관점에서 얼마나 촘촘한 네트워크를 만드느냐는 가장 본질적인 질문에 대한 답이 될 것이다.

블록체인이 만드는 P2P 네트워크는 다른 측면에서는 집단 지성을 제대로 구동시킬 수 있는 사회적 장치이기도 하다. 우리는 현재 공유 경제를 지향하며 나아가고 있다. 다양한 분야에서 공유 경제의 가치가 실현되고, 그렇게 실현되기 위한 노력들도 있다. 집, 자동차, 자전거, 부엌 등 다양한 분야에서 공유의 가치를 사회적 가치로 연결하고자 하는 노력들이 진행 중이다. 에어비앤비, 우버가 촉발한 공유 경제의 철학은 산업 곳곳으로 퍼져 나갔다. 공유 경제를 보면 자원을 좀 더 효율적으로 사용하자는 사회적인 노력의 산물이다. 이런 생각들이 금융 분야를 통해 촉발되기는 했지만, 그 근간 정신인 공유 경제에 입각한 사용자 참여와 보상형 네트워크 구성이 사회적으로 필요한 시점임을 블록체인 기술은 우리에게 얘기하고 있다. 참여와 공유에 대한 사회적 진보가 금융뿐만 아니라 사회의 각 영역에도 필요하다는 사회적 담론이다.

17

구인·구직 블록체인이 나아가야 할 방향

　구인·구직 블록 데이터를 운영하기 위해서는 제한적 참여자가 블록체인 네트워크 노드를 운영하는 방식에 대한 합의 알고리즘을 구성할 필요가 있다.

　또한, 구인·구직 분야이므로 신뢰 프로토콜을 제대로 운영하기 위해서 신뢰성 있는 기관을 확보하는 것이 중요하다. 구직자의 개인 정보 및 이력 데이터와 구인자의 기업 정보와 구인공고 데이터가 신뢰성 있는 노드를 통해 확인되고 합의가 이뤄진다는 사실을 모든 참여자에게 제공해 줘야 진정한 신뢰 기반 블록체인 구인·구직 네트워크가 확보될 수 있다.

　그러기 위해서는 노동부, 고용정보원, 한국산업인력공단, 대학교 협의 단체, 대한상공회의소 기업 회원 관리 부서, 중견기업협의회 등과 같이 구직자의 데이터와 구인 기업의 데이터에 대한 신뢰를 보증할 수 있는 기관들이 함께 컨소시엄 네트워크 기반의 합의 알고리즘을 만드는 것이 필요하다. 이를 통해 참여자들이 블록체인 구인·구직 커뮤니티에 참여할 경우 신뢰가 확보된다는 것을 느끼게 해 줘야 한다.

어떤 구직자든 교육의 과정을 통해서 사회에 진출하게 된다. 교육의 과정을 통해 해당 구직자가 어떤 성향의 사람이고 어떤 직업을 갖는 것이 좋을지 알 수 있다. 교육의 과정을 통해 쌓인 일정한 데이터가 그 사람의 모든 것을 대변할 수는 없지만, 그 사람이 어떤 직업으로 가야 좋은지를 알 수 있는 기초적인 데이터로써의 가치는 충분할 것이다.

또한, 어떤 구직자이든 한 곳의 기업에서 평생 일하는 사람은 드물다는 것이 최근 일자리의 트렌드이다. 과거 성장의 시대에는 기업의 지속성이 보편적이어서 한 곳의 기업에서 특별한 이유가 없는 한 오랜 기간 근무하는 것이 일반적인 상황이었다. 그러나 1997년의 IMF 사태를 기점으로 기업은 언제든지 흥하고 쇠할 수 있다는 인식과 함께 실제로 많은 기업이 새로 생기고 망하는 것을 반복하는 시대로 변했다. 우리나라의 산업 구조 특성상 대기업 위주의 성장 전략에 따라 아직은 대기업이 산업 생산에서 차지하는 비중이 매우 높은 것이 현실이다. 이에 따라 대기업이 고용하는 구직자의 숫자도 많고, 구인·구직 시장은 대기업 구인·구직 시장과 그 외 기업 구인·구직 시장으로 분류될 정도로 극명하게 갈리고 있다.

실제로 구직자들이 구직 활동을 시작하고 나서 첫 직장을 가지기까지 걸리는 시간은 평균적으로 10.7개월이 소요된다.[15] 이렇게 구직 활동은 길어지고 첫 구직에 성공하기까지 많은 시간이 소요되는 이유는

---

15 자료 출처: 통계청-청년층(15~29세)이 첫 취업에 걸리는 시간(https://news.naver.com/main/read.nhn?mode=LSD&mid=sec&sid1=102&oid=001&aid=0010590943).

청년층이 좋은 일자리라고 생각하는 일자리에 진입하고자 하는 데 소요되는 시간도 포함하기 때문이다. 우리나라의 사회 통념상 좋은 일자리는 누구나 알 만한 기업에서 좋은 급여를 받는 것이며, 이런 생각이 보편화되어 있다. 그런 사회 통념은 우리나라의 산업 성장과 궤를 같이한다고 볼 수 있다. 즉, 정부 주도의 산업 성장 시대에 만들어진 대기업 중심의 산업 성장론에 의해 대기업은 모두 좋은 일자리의 표상이 되었다. 다시 말해서 '대기업에 입사하는 것이 좋은 일자리를 얻는 것이다'라는 사회 통념이 보편적이었다고 할 수 있다.

그렇지만 시대는 변화하고 있다. 1997년의 IMF 사태를 통해 대기업도 망할 수 있다는 인식이 생겨났고 실제로 수많은 대기업이 사라지기도 했다. 물론 1997년의 IMF 사태 이후 20년이 지났지만, 여전히 대기업 선호 현상은 어느 정도 지속되고 있다. 하지만 대기업의 일자리 숫자는 정체되고 있고 앞으로는 점점 규모가 줄어들 것으로 예측된다.

과거에는 패스트 팔로어(Fast follower) 성장 전략이 우리나라의 주요한 산업 성장론이었고, 그것이 시대적 흐름과도 함께 맞아떨어졌다. 과감한 대기업 중심의 정책이 주요하게 작용했다. 대규모 자본 투자와 그러한 투자에 의한 빠른 성장이 주요한 성장 방정식이었다. 대규모 자본 투자에 의해 일자리가 많이 늘어났고 안정적인 성장과 함께 일자리가 지속되는 구조였다.

그러나 시대의 흐름은 패스트 팔로어 성장에서 창조적 선도 성장으로 변화하고 있다. 글로벌 TOP 10 기업의 면면을 보면 30년 이상 지속된 기업을 찾기 힘들다. 일례로 『포천』지가 선정한 세계 시가 총액

TOP 10 기업 중에는 애플, 아마존, 구글, 페이스북, 텐센트, 알리바바와 같이 혁신적인 제품과 서비스를 제공하는 기업들이 상당히 많이 포진해 있다. 해당 기업들은 과거와 같은 방식을 취하지 않고 있다. 대규모 투자를 통해 성장을 이끌어내지도 않는다. 그들은 새로운 제품과 혁신적인 서비스를 통해 시장을 지배하고 있다. 아마존은 수많은 일자리를 창출하고 있지만, 20년 전만 해도 책을 파는 쇼핑몰 정도에 지나지 않았다. 그런데 이런 아마존이 현재에 와서는 글로벌 TOP 기업으로 평가되고 있다. 이것은 무엇을 얘기하는가? 기업의 흥망성쇠가 한 치 앞을 내다보지 못하는 시대로 접어들었다는 이야기이다. 혁신적인 시도를 하는 기업은 엄청난 속도로 세상에 등장하고 있고, 과거의 모습에 갇힌 채로 새롭고 혁신적인 시도를 하지 않는 기업은 눈 깜짝할 사이에 망하고 쇠하는 길로 들어서는 것이다.

아마존의 사례와 같이 이러한 시도는 세계 곳곳에서 매우 빈번하게 일어나고 있다. 너무나 많은 시도가 일어나고 있으므로 "어떤 스타트업이 성공할지는 신도 모른다."라는 말까지 등장할 정도이다. 세계 곳곳에서의 시도와 함께 국내에서도 수많은 스타트업이 다양한 아이디어를 들고 시장에 도전하고 있다. 창업 생태계가 매우 커지고 있고, 정부 차원에서도 일자리 창출의 방안으로 적극적인 창업 지원 제도를 운영하려는 노력을 하고 있다. 스타트업 도전만 있는 것은 아니다. 꽤 큰 규모의 벤처 캐피털 투자가 스타트업으로 들어가고 있다. 수많은 벤처 투자 기업과 함께 대기업도 유망한 스타트업 발굴에 혈안이 되어 있다고 해도 과언이 아니다. 그런 결과로 인해 쿠팡, 배달의 민족이나 비바

리퍼블리카와 같은 유니콘 스타트업이 탄생하고 있다.

　이런 흐름대로라면 향후 5년 이내에 수많은 유망 스타트업이 채용 시장의 블랙홀과 같이 역량 있는 인재를 빨아들일 것이다. 대기업이 주도했던 구인·구직 시장에서의 채용 흐름이 중·소 규모의 스타트업으로 변하는 것이다. 다양한 산업 분야와 우리의 생활 전반의 비효율을 개선하고자 하는 비전을 세우고 새로운 사업을 시작하는 스타트업으로 인해 구인·구직 생태계는 더욱 활발해지고 다양해지며 전문화될 가능성이 크다. 기존에 대기업에서 채용하던 방식이 컨베이어 벨트에 올려지는 무색무취의 조직에 순응하는 인재를 원했다면, 스타트업의 인재 채용 지향점은 색깔이 있고 실력으로 무장된 차별화된 인재상으로 변모하고 있다. 그리고 이에 맞춰서 구직이나 이직을 준비하는 구직자들도 변해야 할 시점에 놓여 있다.

　구인·구직 방식도 변해야 할 흐름 위에 올라탄 것이다. 더 이상 과거 대기업의 인재 채용 방식을 답습해선 안 된다. 과연 현재의 대기업들이 얼마나 지속될 수 있을까? 기업 환경은 더욱더 치열해지고, 기술 위주로 변모해 가고 있으며 새로운 혁신이 더욱 자주 빈번하게 일어나야 할 상황에 놓여 있다. 과거와 같이 거대한 규모의 조직으로 경쟁력을 갖는 것에는 분명한 한계가 있다.

　소규모 조직으로 빠른 판단과 행동력으로 무장한 다양한 소규모 기업들이 사람들이 원하는 새로운 혁신을 만들어 내고 있다. 이런 추세는 기술의 발전과 함께 더욱더 빈번해질 것이다. 이에 발맞춰 구인·구직을 연결하는 방식도 더 세분화되고 쪼개지게 된다. 과거와 같은 대기업의 공채는 없어질 뿐만 아니라 불필요하게 되며 서류 전형, 1차 면접, 2차 면접, 임원 면접, 신체검사와 같은 지루하고 비효율적인 과거의 채용 방식은 점차 사라질 것이다. 그렇다면 어떤 채용 방식이 떠오를까? 인공지능에 의한 기본적인 판단으로 최적의 인재를 찾게 되고, 사람들 간의 평판에 기반한 추천에 의해 연결의 접점들이 더욱 확대되고 많아지게 될 것이다.

이런 시대적인 흐름에 적합하게 더 많아지고 빈번해지는 인재 채용에 대한 수요를 과연 구인·구직이 어떻게 해결해 나갈 것인지를 숙고해야 한다. 그래야만 높아지는 생산성의 향상에 발맞춰 따라갈 수 있는 인재를 적재적소에 연결하는 것이 가능하다. 사회적인 관점에서 생산성의 공급이 대규모로 이뤄지던 과거는 단순했지만, 앞으로 우리가 맞이할 시대는 다양해지고 쪼개지게 된다. 다양해지는 생산성의 공급을 책임지는 수많은 스타트업에서 필요한 인재 확보에 대한 수요는 더욱 거대해질 것이다.

수요를 해결하기 위해서는 어디에 그들이 원하는 인재가 있는지를 찾아내는 최적의 인재 연결 방법이 더욱 중요해진다. 현재와 같은 방법으로 그런 수요를 해결하기란 부족하다. 사람과 사람 간의 연결을 더욱 활성화시키고, 사람 간의 연결을 통해 인재 채용에 대한 기회의 횟수를 늘려서 적재적소에 적합한 인재가 추천되고 소개되어야 하며 인공지능을 통해 좀 더 객관화되고 합리적인 방식으로 적합성에 관한 판단을 빠르고 효율적으로 진행해야 한다. 그런 과정에서 발생할 수 있는 문제들을 최소화하는 장치가 인공지능이자 블록체인 기술이 될 것이다.

블록체인을 통해 초신뢰적인 시스템을 구축하고, 인공지능을 통해 초생산적인 채용 프로세스 구축이 가능해진다. 사람 간의 연결과 평판 그리고 추천은 매우 깊은 신뢰를 기반으로 진행되어야 한다. 그렇기 때문에 초신뢰의 기술인 블록체인 기술이 구인·구직 과정에 꼭 필요하며 적합한 방식으로 적용되어야 할 필요성이 대두되는 것이다.

블록체인으로 가능해지는
구인·구직에서의 평판

구인·구직을 진행하는 과정에서 인공지능과 함께 더욱 그 중요성이 높아질 것은 사람 간의 평판이다. 기술적 신뢰를 담보하는 블록체인을 통해 신뢰가 확보되고, 전 직장 상사나 선배 혹은 동료 등과 같은 지인을 통해 진행되는 평판은 기술적 신뢰를 넘어설 수 있는 신뢰 확보 차원으로 구인·구직 과정에서 매우 중요한 역할을 할 것이다.

평판이 활성화되기 위해서는 네트워크 효과가 매우 중요하다. 즉, 평판은 네트워크 효과가 작용해야 가능하다.

사람들이 입력하는 데이터는 그 자체로 가치를 가지고 있으므로 데이터에 대한 보상을 고려해야 하는 것은 사회적인 가치 지향점임에 틀림없다. 그럼에도 불구하고 현재는 그러한 부분에 관한 사회적인 합의가 부재하다.

데이터에 대한 활용 가치는 사람들이 입력한 데이터를 통해 그 사람의 데이터를 분석하여 일정한 네트워크 연결을 시켜 주는 방식으로 존재한다. 이런 연결된 네트워크를 통해 사람과 사람 간의 평가와 추천 (Endorcement)을 유도하게 된다.

사람에 대한 역량과 인성에 대한 다양성을 담을 수 있는 키워드 라이브러리를 활용하여 적정한 키워드를 선택하거나 입력하는 방식으로 평가와 추천을 진행할 수 있다.

평가와 추천은 어떤 공고(직무)에 추천하는 액션(작은 보상)과 이런 결과를 통한 최종 연결(채용 확정)에 대한 결론 확보를 도출하게 된다.

이러한 일련의 채용 프로세스를 보상 프로토콜 개념으로 운영하기 위해서는 보상을 위한 자원이 필요하다. 초기 보상 자원은 자발적인 초기 참여자(신뢰 있는 기관)의 참여가 필수다. 초기 보상 자원을 통해 초기 참여자(개인)를 확대하고 이에 대한 반대급부로 기업의 참여를 유도할 수 있으며, 얼마나 많은 초기 참여자(개인)를 확보하느냐에 따라 개인, 기업 생태계의 규모를 가늠할 수 있게 된다. 개인, 기업 생태계의 규모에 따라 보상 프로토콜 생태계는 성장할 수 있다.

초기 보상 자원을 확보한 이후에 발생하는 운영 보상 자원은 기업의 참여 확대에 따라 유지된다. 기업은 최종 채용 확정에 대한 반대급부로 생태계에 보상 자원을 지급하게 된다. 기업에서 채용 확정의 반대급부로 지급하는 보상 자원은 채용 확정 포지션 연봉의 일정 비율을 제공하는 방법으로 진행할 수 있다. 기업에서 지급한 보상 자원 중에서 일정 부분은 참여자에게 참여에 대한 보상으로 돌아가고 나머지 일정 부분은 생태계 운영을 위한 자원으로 생태계에 귀속되도록 설계할 수 있다.

이런 흐름을 통해 채용 과정에 참여하는 핵심 당사자인 구직자와 구인 기업은 채용 프로세스에서 상호 간에 합리적인 의사 결정을 내릴 수 있다. 현재와 같이 유료 광고를 통해 모집 공고를 내더라도 최종적으로 채용자가 없거나, 헤드헌터를 통해 적절한 후보자를 채용하려고 해도 비싼 수수료로 인해 망설여지는 지점을 합리적인 방법과 비용으로 대체할 수 있는 방법이다.

앞으로는 헤드헌터가 수행했던 역할을 컴퓨터가 대체하여 적정한 기업과 직무로 이직에 성공한 인재들의 프로필을 분석하게 되는 상황이 점차 증가할 것이다. 이에 따르면 헤드헌터의 역할을 신뢰 컴퓨터(블록체인)가 대체할 수 있다.

헤드헌터는 기업에서 원하는 JD(Job Description)와 기업 정보를 파악하고 분석하여 해당 현황에 적합한 개인을 추천하는 방식으로 업무를 수행한다.

현재의 채용 사이트(사일로)는 헤드헌터의 역할을 하지 못하고 기업과 개인이 알아서 하라는 방식이다. 서로 알아서 매칭하라고 하고 유료 광고를 통해 자신들의 이익만 취하는 구조이다.

블록체인은 누군가 중간에서 헤드헌터와 같은 역할(지인 추천)을 할 수 있다. 블록체인을 통해 추천 프로세스가 명료해지고 블록체인 연결을 통해 신뢰를 구축할 수 있으며 블록체인에서 구동되는 암호화폐로 이에 대한 보상 시스템도 확실해질 수 있다.

마약물 거래로 유명한 '실크로드'라는 온라인 커뮤니티는 토르라는 특수한 브라우저를 통해서만 접근할 수 있다. 실명 정보를 바탕으로 거래가 이뤄지는 인터넷 네트워크와는 달리, 실크로드 사용자들은 철저하게 익명이라는 가면을 쓴다.

암호화 기법과 비밀 통화인 비트코인은 실크로드를 돌아가게 만드는 기술적인 기반이다.

'실크로드'에는 평가 기능이 있다. 일반적으로 다섯 건 이상의 평가를 확인할 수 있고, 구매 경험을 정확하고 신중하게 평가하는 일은 모든 구매자의 의무이다.

이러한 암호 무정부주의자들은 평판을 중심으로 활발하게 기능하는 시장을 구축했고, 사용자들에게 나름대로 많은 혜택을 제공한다.

이런 방식으로 익명을 통한 평판 시스템은 블록체인으로 운영할 수 있다. 일차적으로 평판 시스템을 통해 확인된 내용을 통해 정확하게 실명과 개인 정보를 확인하고자 한다면 기업은 그에 대한 대가(비용)를 제공해야 한다. 그리고 이러한 기업의 참여 비용으로 인해 평판 시스템이 구동하는 블록체인 P2P 네트워크도 구동하게 된다.

신뢰 프로토콜을 활용하여 채용 시장을 신뢰성 있게 만들고, 보상 프로토콜을 활용하여 보상을 통해 더 많은 참여를 유도하고 활성화를 이뤄 채용을 많이 성사시킬 수 있다.

예를 들어, 추천 연결의 구심점 역할을 해 줄 헤드헌터, 리크루터, 잡 컨설턴트 등 각 집단의 참가자들이 블록체인 채용플랫폼에 참여하여 인플루언서(Influencer) 역할을 하게 됨으로써 초기 참여자가 참여하게 되고 사용자의 저변이 확대될 수 있다.

이와 함께 자신의 액션(데이터 입력)이 곧 자신에게 보상으로 되돌아온다는 확실한 시스템을 구축해 줘야 참여자들의 데이터 입력이 발생하게 된다.

이에 따라 블록체인을 유지하기 위해 채굴자(채굴)로는 일정한 신뢰가 확보된 노드가 참여하게 되며 신뢰 노드들은 네트워크 유지에 필요한 컴퓨팅 파워를 기업에서 제공하는 참여에 대한 보상 제공으로 운영하게 된다.

물론 초기 데이터 채굴자가 다양한 결정권을 가질 수 있도록 플랫폼이 보장해 줄 수 있는 생태계 설계가 가능해야 한다. 초기 데이터 채굴자가 만든 블록을 모든 참가자가 파이널리티를 통해 확정하게 되고 확정된 블록에 채용 프로세스에서 발생하는 인터랙션을 기입하는 방식으로 스마트 콘트랙트가 확정하는 방식의 블록체인 생태계가 구축되어야 한다.

이런 방식으로 구인·구직을 위한 각 참여자의 생태계, 즉 P2P 네트워크를 구축할 수 있다. P2P 네트워크는 어떤 중개자의 역할이 필요하지 않고 오로지 해당 네트워크에 참여하는 각 참여자의 역할이 중요하다. 네트워크를 유지하기 위한 참여 노드는 신뢰성 있는 참여 노드를 초기에 참여시켜서 네트워크가 운영되도록 하며, 네트워크 운영에 대한 보상은 네트워크에 참여하는 참여자들의 자발적인 트랜잭션과 이를 통해 발생하는 비용으로 충당할 수 있다.

19

블록체인 구인·구직 노믹스

졸업 증명서, 성적 증명서, 경력 증명서와 같이 채용 시에 필요한 증명서를 블록체인을 통해 좀 더 손쉽게 관리하고 활용할 수 있다. 블록체인상에 증명서 블록이 존재한다면 채용 과정에서 필요한 증명서를 첨부해야 하는 경우에 증명서를 일일이 매번 발급받지 않고 바로 사용할 수 있도록 제공해 주기 때문이다. 즉, 블록체인을 통해 채용 데이터의 신뢰 확보가 가능해진다.

구인·구직 과정에서 필요한 증명서는 한 번 블록체인 시스템상에 등록해 놓으면 언제든지 해당 시스템으로 상대방에게 전달할 수 있다. 전달된 증명서는 블록체인 시스템으로 증명되었기에 변조나 위조의 위험이 없음을 보장하게 되므로 전달받은 기업이나 기관, 단체는 이를 신뢰할 수 있다.

이제는 구인·구직 과정에서 증명서 제출을 요구할 때마다 구직자가 별도로 각 기관에 접속하여 발급받을 필요가 사라진다. 그만큼 편리하고 혁신적이다. 신뢰도 보장되므로 별도로 공인된 직인이나 날인이 찍힌 증명서를 스캔하거나 우편으로 발송하는 번거로움도 사라진다. 블록체인 시스템에 등록되었다면 상대방에게 블록체인 시스템으로 전달하면 끝이다.

초기 넷스케이프를 통해 정보는 중앙형 모델로 연결되었다. 모든 참여자는 중앙형 플랫폼에 접속하여 정보를 입력하고 출력할 수 있었다. 인터넷을 통해 정보의 연결과 사용이 용이해졌다. 블록체인은 그 정보에 신뢰성을 제공함으로써 세상에 영향을 줄 것이다. 인터넷에 올라오는 채용 정보와 개인 정보는 그 정보를 모으고자 하는 하나의 단독적인 중앙 수집가가 필요했다. 즉, 사일로 현상이 나타났다. 중앙 수집가는 중개자 역할을 하고 정보의 저장소 역할을 했다. 중개자는 채용 정보를 모으고 개인 정보를 모아 하나의 저장소에 저장했고 저장된 정보를 연결하는 역할을 했다. 그러나 그 연결은 적합하지 않은 경우가 많았고 저장된 정보는 언제든지 외부의 침입과 내부의 소행으로 유출되거나 훼손될 위기가 항상 존재했다.

반면, 블록체인은 그런 위험을 최소화한다.

블록체인은 정보를 한 곳에 저장하지 않으며 정보에 신뢰성을 제공한다. 또한, 중개자가 제공하지 못하는 효율적인 연결을 제공한다. 블록체인에서는 채용 정보와 개인 정보는 모두 제공자가 소유하게 된다. 채용 정보와 개인 정보를 연결하는 연결 통로는 블록체인 기술로 구축된 P2P 네트워크가 맡게 된다. P2P 네트워크는 중개자에게 집중된 정보의 저장을 효율적으로 분산하고 개별적인 참여자, 즉 노드들이 모든 정보를 다 같이 저장하고 관리하게 하는 역할을 한다.

이로써 블록체인에서는 모든 정보가 연결되어 있고 그로 인해 효율적인 연결이 가능하다. 모든 정보를 온 체인(On Chain)에 담을 수 있지만, 상황에 따라 온 체인에 저장해야 할 정보와 오프 체인(Off Chain)에 저장해야 할 정보를 구분하여 운영할 수도 있다.

신뢰는 새로운 거래를 낳고 거래는 데이터를 낳는다. 분산은 새로운 참여자들을 끌어들인다. 내가 소유한 데이터에 대한 소유권이 나에게 있음을 알게 되고 이것이 일반화된다면 참여자는 참여에 대한 가치를 느낄 수 있다. 참여자가 많아질수록 데이터는 쌓이고, 그렇게 데이터가 쌓여야 가치가 크고 의미가 큰 연결이 만들어지게 된다. 그동안 중앙형 플랫폼은 이런 데이터를 쌓기 위해 많은 노력과 시간을 들였다. 아마존은 현재에 이르기까지 25년 이상의 세월을 투입했고, 현재 세계에서 가장 큰 플랫폼이 되었지만 성장하는 기간 동안 한 번도 큰 폭의 흑자를 누려보지 못했다. 그것은 어찌 보면 중앙 플랫폼이 안고 가야 할 숙명인지도 모른다. 참여자가 쌓는 데이터를 활용하여 더 많은 연결을 만들어내고, 더 많이 만들어진 연결을 통해 새로운 제품과 서비스를 제공하는 중앙 플랫폼이 커다란 이익을 가져간다면 과연 그 플랫폼에 참여하는 사용자는 무엇이란 말인가?

아마존의 창업자인 제프 베저스(Jeffrey Preston Bezos)는 이것을 누구보다 더 잘 알고 있었다. 그로 인해 아마존은 이제껏 성장하면서 큰 폭으로 이익을 남기는 해가 없을 정도로 적은 이익 규모를 확보해 가면서 성장은 성장대로 이뤄내었다. 플랫폼이 성장하는 데는 기본적인 이익이 필요하다. 아마존은 그 외에는 모두 사용자(참여자)에게 돌려주는 방식에 초점을 맞춰 경영하면서 더욱 사랑받는 브랜드가 되었다. 아마존에서 제공되는 모든 제품이나 서비스는 사용자의 참여에 대한 보상을 최대로 고려하고 설계된다. 아마존 사용자는 특정한 제품을 구매하거나 특정한 서비스를 구매할 경우 시장의 어떤 쇼핑몰이나 플랫폼보다 아마존에서 구매하는 것이 훨씬 더 효익이 크다는 것으로 참여에 대한 보상을 받게 된다. 아마존의 창업자인 제프 베저스는 이런 시스템을 구축하고자 지속해서 노력했고, 그것을 '고객에 대한 집중(Customer Abstract)'이라는 말로 자주 표현하고 있다. 아마존은 그래서 위대하다.

블록체인 플랫폼과 같이 탈중앙화되지는 않았지만, 아마존은 중앙형 플랫폼의 형태를 띠고 있는 분산화된 플랫폼을 궁극적인 목표로 하고 있는지도 모른다. 블록체인 플랫폼, 즉 분산화된 플랫폼의 궁극적인 목표는 참여자에게 많은 가치를 돌려주는 철학에 기반한다. 좀 더 강한 어조로 표현한다면 참여자를 통해 분산화된 플랫폼이 운영되기 때문에 플랫폼을 통해 발생하는 이익 혹은 가치는 참여하는 참여자에게 돌아가야 한다는 사상적 기반이 그 저변에 깔려 있다. 그렇기에 블록체인은 참여자에게 이익이 돌아가는 가치를 최우선 과제로 두고 기술이 발전하는 단계이다. 아마존도 사용자 가치 증진에 중심을 두고 성장하고 있기에 이런 측면에서는 일맥상통한 모습이 발견된다.

반면에 다른 플랫폼들은 그렇지 못하다. 사용자들의 시간을 잡아두고자 하는 구글, 페이스북과 같은 검색 포털과 SNS는 사용자들의 시간을 지배하면서 기업들의 광고를 유치하고 기업에서 받은 광고비를 사용자에게 한 푼도 돌려주지 않는다. 구글과 페이스북에 참여하는 참여자인 사용자들은 방문을 통해 얻을 수 있는 사용에 대한 가치 외에는 다른 것을 기대하기는 힘들다. 아마존이 추구하는 철학과 다소 다른 측면이 있는 것이다.

블록체인에서는 전통적인 통제자와 중개자의 개입 없이 공급자와 구매자 간에 직거래가 가능한 분산형 마켓플레이스가 실현될 수 있다. 시장 참여자들의 전 자산이 완벽하게 디지털화되고 거래 중개자들이 제거된다면 새로운 비즈니스 모델이 출현할 것이다. 이제 새로운 진입자들이 나타나서 최소 비용으로 같은 시장에서 경쟁하는 시대가 도래한다. 큐레이션 서비스처럼 중개자의 부가 가치 영역이 일부 남아있을 수는 있지만, 새로운 시장 설계자들은 중앙 집중형 통제 방식이 아니라 더 분권화된 거래 모델을 지향하게 된다.

블록체인이 가져올 변화의 본질은 '정보의 민주화'이자 새로운 '거버넌스'의 탄생이다.

지인 추천 연결이나 개인 데이터를 통한 포인트(토큰), 리워드를 강하게 제공해도 된다. 채용을 위한 데이터는 매우 중요하며 방대하다. 이를 다른 곳에 활용하여 또 리워드를 주고 다른 용처(금융, 보험, 결혼, 자산 컨설팅 등)를 확대하여 더 많은 용처로 인해 플랫폼이 돌아갈 수 있다. 참여자의 다양한 데이터를 블록화하여 신뢰를 제공하며 더 많은 참여자의 데이터를 모으고 이렇게 해서 예측에 기반하여 참여자에게 더욱더 자세하고 정확도가 높은 추천을 할 수 있다. 지인 추천 연결의 과정에서 발생하는 상호 계약을 확인하기 위해서는 블록체인에서 활용되는 스마트 콘트랙트(Smart contract)를 구동하면 된다.

기업이 후보자에게 채용 확정을 하면 자동으로 수수료가 지급되도록 스마트 콘트랙트에 설계하면 된다. 혹은 기업이 후보자의 입사 지원이나 추천 시에 해당 계약이 성사되고 완결되도록 스마트 콘트랙트에 설계하여 시스템화할 수 있다.

궁극적으로 채용 시장의 경쟁력은 신뢰할 만한 데이터 자산 확보에 달려 있다. 신뢰할 만한 데이터 자산 확보는 데이터 입력에 대한 디지털 자산 가치를 확실히 제공하는 것에서부터 출발해야 한다. 내가 직접 입력하지 않는 참여자를 대신해서 지인을 통해 참여를 유도할 수 있다는 측면도 긍정적인 요소이다. 지인은 내 주변에 위치해 있는, 어쩌면 나보다 더 나를 객관적으로 평가할 줄 아는 사람이다. 사람은 누구든지 주변 사람들에게 기대고 싶다는 충동을 가지고 있다. 사람들은 대개 계절이 바뀌는 시점에 새 옷을 구매하고자 할 때 스스로 구매하는 경우가 드물다. 주변에 있는 친구들과 의류 매장에 나가서 옷을 둘러보기도 하고, 온라인 쇼핑몰에서 보고 찜했던 옷을 SNS를 통해 친구에게 전달하고 의견을 묻는다든지, 커피숍에 앉아 온라인 쇼핑몰에 접속하여 내가 눈여겨 봐둔 옷에 대한 평이 어떤지 꼭 확인하게 된다.

이렇게 주변인을 통해 나에게 적합한 기업이나 공고 역시 추천받을 수 있고, 역으로 주변인의 이직 고민을 내가 추천인이 되어 해결해 줄 수 있다. 그것은 연결된 관계에서 나오는 상호 간의 알고 있음에서 비롯된다.

채용 시장의 핵심 페인 포인트(Pain point)는 미스매칭이다. 이것은 다양한 연결 노드 확대로 문제를 완화하고 해결할 수 있다. 구직자는 나에게 적합한 일자리(직무와 기업)가 무엇인지를 제대로 알지 못하며 어디에 있는지도 모르는 경향이 많다. 역으로 기업도 우리 기업에 적합한 인재가 매우 부족한 실정이라고 토로하고 있다. 지인 간 연결과 자신의 데이터에 대한 디지털 자산화를 통해 참여자를 확대하며 연결을 확대하는 방식으로 미스매칭을 완화시키고 해결해 나갈 수 있다. 더 많은 연결은 새로운 해법을 제시할 것이다. 현재 우리가 가진 해결 방안이 제대로 시장의 요구를 해결하지 못하는 것은 새로운 혁신이 필요하다는 것을 반증하고 있는 것이다. 기업의 관점에서 기업에 적합한 최적의 인재를 찾는 데 걸리는 소요 시간, 즉 기회비용의 증가와, 개인의 관점에서 자신에게 적합한 일자리를 찾는 데 소요되는 시간을 합하면 엄청난 사회적 비용이 소모되고 있다. 그럼에도 불구하고 사회는 그런 페인 포인트를 알고 있으면서도 제대로 된 해결 방안을 내놓지 못하고 있다.

여기에서 블록체인을 통한 구인·구직 노믹스라는 개념이 접목되는 것이 절실해 보인다. 블록체인 구인·구직 노믹스는 현재 구인·구직 서비스가 가진 한계를 넘어 좀 더 오픈되고 개인의 가치를 존중해야 한다는 한층 더 상위의 개념이다. 개인의 참여 자체가 매우 중요하고 가치 있게 다뤄져야 한다. 구인·구직 과정에서 개인의 참여는 자신의 데이터를 입력하는 것인데 이것이야말로 소중하게 다뤄져야 하는 가치의 근원이다. 이제껏 이런 행동은 별로 관심을 받지 못했고, 주목받지 못했다. 그것은 어쩌면 구인·구직 과정에서 결과를 만들어내기 위한 필수 불가결한 조건으로 받아들여져 왔다. 그렇지만 한편으로 고려해 보면 인간이 가진 본연의 가치가 너무 쉽게 오픈되고 훼손되어 온 것 또한 부정하기 힘든 사실이다. 개인이 가진 본연의 가치를 실제로 확보하게 하고, 그런 과정을 투명하게 제공하는 방법을 블록체인 구인·구직 노믹스라고 할 수 있다. 그런 기반에서 개인과 개인의 연결이 더욱 활성화되고 빈번해질 수 있다. 앞서 언급한 대로 4차 산업혁명의 기술 발달로 인해 일자리는 변화하고 있다. 기존의 산업화된 일자리, 정보화된 일자리 중 상당 부분은 인공지능 로봇이 대체할 것이고, 사람들에겐 새로운 일자리가 생겨날 것이다. 우리는 이에 적응해야 한다. 좀 더 추상적이고 무형화되고 감성적인 일자리는 어떤 특정 기업에 소속되어 일하지 않아도 될 만큼 자유롭게 될 것이다. 그렇기에 개인 중심의 일자리는 활성화되고 보편타당하게 변해 간다. 개인이 중심이 되는 일자리 환경에서는 개인과 개인 간의 직접 연결이 중요해지며 이를 통해 개인 간의 일자리 연결이 보편타당하고 가치 있는 결과를 만들어 낸다.

블록체인 구인·구직 노믹스는 일자리 생태계를 좀 더 오픈해야 한다는 철학이다. 개인이 보유한 본연의 데이터에 대한 소유 주권 확립과 이런 데이터에 대한 거래 방식은 중개자가 하던 방식에서 각 개인이 할 수 있게 하는 방식이다. 이런 생태계를 통해 개인의 권리는 더욱 철저히 지켜지고 소유권에 대한 주권이 확립된다. 중개자가 모든 데이터의 소유권을 확보하고 정제 및 가공하여 모든 이득을 차지하는 방식은 이제 더 이상 효율적이지 않다. 여러 가지 시대적 환경의 변화에 따라 효율적이고 적합한 개인이 중심이 되는 사회·경제적 철학을 실현해야 할 시점이다.

20

취업 화폐

다양한 산업 분야에서 암호화폐에 대한 시도가 빈번하게 발생하고 있다. 특히 금융의 효율적인 송금(연결)을 통해 경제적인 가치를 더 광범위하게 분배하기 위한 노력들이 가장 빈번하고 규모가 크게 제시되고 있다. 이것은 금융 시스템이 가진 중앙 집중형으로 인해 중앙 집중화된 시스템에만 부가가치가 집중되고 있고, 이런 모습이 사회적으로 큰 불균형을 초래하기 때문이기도 하다. 특히 2008년에 촉발된 금융 시스템 붕괴는 그런 쏠림 현상이 얼마나 세계적으로 위험한 일인지, 그리고 피해자의 규모가 상상을 초월할 정도로 광범위하게 발생하는지를 보여 주는 극명한 사례이다.

금융 시스템 붕괴로 인해 수많은 사람이 집을 잃고 거리로 내몰렸고, 실직으로 인해 최저 생활 수준을 보장받지 못하는 사태가 발생했다.

미국 서브프라임 사태로 촉발된 금융 시스템 붕괴는 세계 곳곳으로 퍼져 이와 직접적으로 관련 없는 금융 기관과 이와 연계된 선의의 피해자들을 양산해 냈다.

이에 이대로 중앙 집중형 시스템이 가진 폐해를 방치해서는 안 된다는 공감대가 급격하게 형성되었고, 분산 경제에 대한 다양한 요구가 비트코인으로 촉발되었다.

비트코인은 금융의 탈중앙화를 주창하고 있다.

금융 분야의 탈중앙화뿐만 아니라 산업의 다양한 영역에서 중앙화로 인해 마비된 생산자와 소비자 간의 직접 거래로 인해 발생하는 효율화를 되살리려는 노력은 지금도 지속되고 있다.

유통/물류 분야에서 혁신적인 P2P 네트워크 구축과 이를 통해 직접 생산자와 소비자를 연계해서 중간에서 발생하는 중개 비용을 대폭 낮추고자 하는 노력이 진행되고 있다. 유통/물류 분야에서 발생하는 중간 수수료는 실로 엄청나다. 생산 현지에서 100원에 거래되는 대파 한 단의 경우, 시장과 마트에서 소비자에게는 2,000원이 넘는 수준에서 판매되는 경우가 다반사로 발생한다. 이에 대한 차액은 생산자와 소비자를 연결하는 중간자가 모두 자연스럽게 취하는 구조로 운영되고 있다. 이런 차이를 줄이고 제품의 신뢰를 확보하기 위해 블록체인 프로젝트가 도입되고 있다.

구인·구직 시장에서도 마찬가지로 이러한 사항을 고려해 볼 수 있다. 구인·구직 시장에서 사회에 첫발을 내딛는 청년 구직자는 여러 가지 환경으로 인해 어려울 수밖에 없다. 첫째, 신입 구직자는 자신의 진로 혹은 커리어의 시작을 어떤 곳에서 어떻게 진행해야 할지 모른다. 둘째, 그것을 알았다고 하더라도 어떤 기업이 자신에게 적합하거나 최선의 선택인지 알기가 쉽지 않다. 따라서 청년 구직자가 겪게 되는 구직의 활동 기간은 대체로 긴 시간이 소요되곤 한다. 고용노동부의 자료에 의하면 청년 구직자가 첫 번째 구직에 성공하기까지는 8개월가량이 소요되는 것으로 분석되었다. 한 취업 포털에서 조사한 자료에 의하면 18개월가량 소요된다는 분석도 있다. 이렇듯 조사 분석의 기준 내용에 의해 다른 판단의 근거를 제시할 수는 있지만, 여하튼 최소한 두 가지 분석 모두 '상당 시간이 소요된다'라는 동일한 분석 결과를 내놓은 것이다.

이렇게 신규 구직 활동을 하는 청년 구직자는 이 기간 동안 구직 시장에서 떠나지 않고 적극적인 구직 활동을 해야 할 필요가 있다. 그런 노력을 통해 종국에는 자신이 원하는 구직에 성공할 확률이 높아진다. 또한, 평균적인 구직 기간보다 더 오랫동안 구직 활동을 할 경우 자칫 구직 포기자가 될 가능성도 존재하므로 이를 지속해서 관리함으로써 구직 포기자가 되지 않도록 유도할 필요도 존재한다.

이런 이유로 인해 지역 화폐가 암호화폐로 만들어지듯이 지역 기반의 일자리 창출 화폐에 대한 아이디어 제시도 가능하다. 예를 들어, 경기 지역의 일자리 창출 지원을 위해 경기 취업 화폐(Gyeonggi-do Job Crypto Currency, GJC)를 제안할 수 있다. GJC를 통해 지역에 있는 청년층 구직자에게 취업 활동에 대한 장려금으로 GJC를 지급하고, GJC를 많이 보유한 청년 구직자는 일정 정도의 규모를 쌓게 되면 ―일정한 기간과 활동이 있어야 조건이 충족된다― 이를 구직 활동 지원금으로 교환해 주는 방식으로 지역 기반 일자리 창출 화폐를 만드는 것도 아이디어로 고려해 볼 필요가 있다. 이것은 미래에 발생할 수 있는 가치를 현재 기준으로 보장해 줄 수 있다는 장점이 있고, 당장 현금을 지급하면서 발생할 수 있는 지속적인 노력의 중단 리스크를 막을 수 있기도 하다. 청년 구직자의 적극적인 구직 활동을 장려하고, 지속해서 적극적인 구직 활동을 통해 청년 구직자가 스스로 구직 활동에 성공할 수 있도록 유도하는 매우 긍정적인 역할을 할 수 있다.

청년 구직자는 구직 활동에 대한 인센티브로 취업 화폐를 받게 되고, 이 취업 화폐는 공공기관과 연계된 합의 알고리즘에 의해 블록체인 P2P 구인·구직 네트워크에서 활동해야 인증을 받을 수 있다. 인증을 받은 취업 활동을 통해 청년 구직자에게는 취업 화폐가 지급되고 청년 구직자는 구직 활동에 대한 의지와 함께 확보된 취업 화폐를 활용해서 현금화도 실행할 수 있다.

무엇보다 중요한 것은 청년 구직자 스스로 취업 화폐를 통해 자신의 의지를 유지할 수 있는 계기를 마련하게 되고, 이런 활동이 지속되면서 스스로 성장할 기회도 확보할 수 있다는 것이다. 블록체인 P2P 구인·구직 네트워크에서 활동을 적극적으로 진행한 청년 구직자는 이외에도 기업들에게 어필할 수 있는 노력의 성과도 잠정적으로 획득할 수 있다.

이처럼 블록체인 기반으로 취업 화폐를 운영한다면 지자체에서 고민하는 청년 구직자에 대한 취업 활동 유도와 청년 실업률을 관리하는데 매우 유용한 방법이 될 수 있다. 국가적으로도 이런 취업 화폐를 발행하고 관리한다면 전체적으로 노동 시장에서의 고용 유연성을 확보함과 동시에 실업률을 적정하게 관리할 수 있는 기제를 확보하는 매우 중요한 매개 역할을 할 수 있다.

블록체인으로 구축하는 구인·구직 서비스

블록체인 기반의 채용 추천 서비스 제공 시스템 및 구동 방법

기존의 취업 사이트를 이용한 구인·구직 시스템은 구직을 원하는 개인과 구인을 원하는 구인 기업으로부터 정보를 입력받아서 일방적으로 유통하는 방식이다.

이 같은 기존의 채용 방식에 따르면 구직을 원하는 개인이 입력한 데이터가 최종 채용 이전에는 가치를 제공하지 못한다는 한계가 따른다. 또한, 이 방식은 개인의 이력서를 검색하는 비용을 채용 기업에서 부담하여 그 수익을 개인에게 돌려주는 것이 아니라 중개 업체인 취업 사이트 제공자가 취하는 형태이다.

기존의 취업 사이트를 이용한 채용 시스템에서는 구직자가 이력서를 올려놓고 구인 기업으로부터의 연락을 수동적으로 기다려야 한다. 구인 기업의 경우에도 채용 공고를 올려놓고 구직자의 지원을 기다려야 한다.

한편, 이러한 방식에서는 이력서 검색에 소요되는 시간(기회비용)이 과도하게 발생하기도 한다. 게다가 구인 기업으로부터 업로드해 놓은 이력서에 대한 반응으로 면접 요청을 받은 구직자가 면접에 참여하지 않는 비참여자 비중도 매우 높은 실정이다.

그뿐만 아니라 구직을 원하는 개인에 대한 기업의 평가가 명확하지 않고, 특히 개별 기업이 아닌 공공 성격의 기관들은 채용에 있어서 그 기준이 더욱 명확하고 투명해야 할 사회적 합의가 높음에도 불구하고 그 기대에 부응하는 데에 한계가 있다. 이런 문제점이 구인·구직 프로세스에 만연한 것이 현실이다.

본 내용은 이 같은 배경에서 도출된 것으로, 개인이 소유한 구직 데이터는 개인의 자산으로 개인 가치를 증진시키는 방안을 제공할 수 있는 채용 추천 서비스 제공 시스템 및 그 구동 방법을 제공하는 데 목적이 있다.

또한, 구인·구직 과정에서 발생하는 구직자의 개인 데이터 소유권을 구직자가 갖도록 하고, 이에 대한 반대급부로 이력서를 포함하는 개인 데이터와 채용 공고 데이터 시장에서 거래되는 거래 수수료가 채용 확정 단계에서 확보될 수 있도록 하는 블록체인 기반의 채용 추천 서비스 제공 시스템 및 그 구동 방법을 제공하고자 한다.

나아가 인적 네트워크를 시스템화하여 채용 공고에 대한 구직자 추천과 보상을 활성화시킬 수 있는 보안성, 투명성, 신뢰성을 확보할 수 있는 채용 추천 서비스 제공 시스템 및 그 구동 방법을 제공하는 데 목적이 있다.

상기의 과제를 달성하기 위한 서비스를 구축하기 위해서는 다음과 같은 구성을 포함한다.

블록체인 기반의 채용 추천 서비스 제공 시스템은 구인 기업의 채용 관리자가 채용 공고를 업로드하는 구인 기업 회원, 구직을 원하는 개인이 이력서를 포함한 개인 데이터를 블록체인 형태로 상기 구인 기업 회원(이하 구인 기업 회원) 및 다른 구직자 회원과 공유하는 구직자 회원, 구인 기업 회원에게 상기 구직을 원하는 개인(이하 구직자 회원)을 추천해 주는 추천자가 회원으로서 구분되어야 한다. 적어도 한 명 이상의 구직자로부터 구직을 원하는 개인 이력서를 포함한 개인 데이터를 블록체인 형태로 수집하여 저장하고, 구인 기업 회원에게서 업로드되는 채용 공고와 구직자 회원으로부터 업로드되는 구직자의 개인 데이터를 데이터 채굴(마이닝)하여 구인 기업에 매칭되는 개인 데이터 정보를 추출한다. 이후 상기 구인 기업(이하 구인 기업)에게 구직자 회원을 추천해 주며 그 추천에 의해 구직을 원하는 개인과 구인 기업 간에 채용이 성사될 경우에 그 보상으로 보상 토큰을 상기 추천자(이하 추천자)에게 지급하는 채용 추천 서비스를 특징으로 한다.

한편, 블록체인 기반의 채용 추천 서비스 제공 시스템의 구동 방법에는 구인 기업의 채용 관리자가 구인 기업 채용 공고를 블록체인 형태로 구직자와 공유하는 단계가 있다. 또한, 구직을 원하는 개인이 소유한 개인 이력서를 포함한 개인 데이터를 블록체인 형태로 구인 기업 및 다른 구직자와 공유하는 단계가 있다. 구인 기업에게 구직자 회원을 추천해 주는 추천자가 적어도 한 명 이상의 구직자로부터 구직을 원하는 개인의 개인 이력서를 포함한 개인 데이터를 블록체인 형태로 수집하여 저장하는 단계도 있다.

이 과정은 추천자가 구인 기업에서 업로드되는 채용 공고와 구직자 회원으로부터 업로드되는 구직자의 개인 데이터를 데이터 채굴하여 구인 기업에 매칭되는 개인 데이터 정보를 추출하는 단계, 상기 추천자 단말이 상기 추출 및 매칭된 개인 데이터 정보에 기반하여 구인 기업으로 구직을 원하는 개인을 추천해 주는 단계 및 채용 추천 서비스가 추천자의 추천에 의해 구직을 원하는 개인과 구인 기업 간에 채용이 성사될 경우에 그 보상으로 추천자에게 보상 토큰을 지급하는 단계를 포함하는 것을 특징으로 한다.

이런 방식으로 서비스를 제공할 경우 그 서비스의 효과는 다음과 같다.

본 내용에 따르면 개인이 소유한 구직 데이터는 개인의 자산으로 개인 가치를 증진시키는 방안을 제공할 수 있는 채용 추천 서비스 제공 시스템 및 그 구동 방법을 제공할 수 있는 효과가 있다.

또한, 이러한 방식으로 블록체인 기반의 채용 추천 서비스 제공 시스템은 채용 정보에 관한 구직자의 개인 데이터의 주권을 구직자가 갖도록 하고, 이에 대한 반대급부로 이력서를 포함하는 개인 데이터와 채용 공고 데이터 시장에서 거래되는 거래 수수료가 확보되도록 할 수 있다.

나아가 인적 네트워크를 시스템화하여 채용 공고에 대한 구직자 추천과 보상을 활성화시킬 수 있는 보안성, 투명성, 신뢰성을 확보할 수 있는 채용 추천 서비스 제공 시스템 및 그 구동 방법을 제공할 수 있다.

본 서비스에서 사용되는 기술적 용어는 단지 특정한 실시 예시를 설명하기 위해 사용된 것으로, 본 서비스의 내용을 한정하려는 의도가 아님을 유의해야 한다. 또한, 본 서비스에서 사용되는 기술적 용어는 특별히 다른 의미로 정의되지 않는 한, 본 서비스 내용이 속하는 기술 분야에서 통상의 지식을 가진 자에 의해 일반적으로 이해되는 의미로 해석되어야 하며, 과도하게 포괄적인 의미로 해석되거나 과도하게 축소된 의미로 해석되지 않아야 한다.

현재의 채용 시스템은 구인 기업이 채용 공고를 제공하고, 구직자가 이력서 정보를 제공하면 인터넷 취업 사이트에서 정보를 일방적으로 유통하는 방식이다.

이 같은 기존의 채용 시스템은 채용 절차가 단순하고 한 방향의 직선적인 정보 제공 방식과 활용 과정에 따라 단순한 광고 노출 위주의 일방통행적인 서비스라는 한계가 있다. 즉, 구인 기업과 구직자 간의 정보 참여와 공유가 제한된다는 한계가 있다. 따라서 구인 기업의 채용 공고와 구직자의 이력서를 연결하는 경우에 미스매치 확률이 높았던 것이 일반적인 현상이었다.

종래의 시스템에서는 구직을 원하는 개인이 입력하는 데이터가 최종 채용 이전에는 그 어떤 가치도 제공하지 못했다. 즉, 개인의 이력서를 검색하는 데 있어 구인 기업이 지불하는 금액이 개인에게 전달되지 못하고 정보들을 게시하는 역할에 불과한 취업 사이트에 귀속되어 온 것이다.

블록체인 기반의 채용 추천 서비스 제공 시스템은 구인 기업, 구직자 및 채용 추천 서비스를 포함한다. 개인은 구직자 및 구직자 중에서 누구라도 구직자를 구인 기업에 추천해 주는 추천자 역할을 하는 개인으로 구분하여 설명할 수 있다.

구인 기업의 채용 관리자는 채용 공고를 업로드한다.

구직자는 개인 이력서를 포함한 개인 데이터를 블록체인 형태로 구인 기업 및 다른 구직자와 공유한다.

구직자 중 구인 기업에게 구직을 원하는 개인을 추천해 주는 추천자의 역할은 추천자로 구분하여 설명할 수 있다. 추천자는 구직자와 기술적으로 동일한 구성으로 구현될 수 있으나 설명의 편의를 위해 그 역할에 따라 구분한 것이다.

추천자는 구인 기업에게 구직을 원하는 개인, 즉 동료나 회사 후배를 구인 기업에 추천해 주는 역할을 수행하며, 적어도 한 명 이상의 구직자로부터 구직을 원하는 개인의 개인 이력서를 포함한 개인 데이터를 블록체인 형태로 수집하여 확인한다. 그리고 추천자는 구인 기업에서 업로드되는 채용 공고와 구직자로부터 업로드되는 구직자의 개인 데이터를 데이터 분석하고 구인 기업에 매칭되는 개인 데이터 정보를 추출하여 구인 기업에게 구직을 원하는 개인을 추천해 준다.

이러한 사례에 있어서 추천자는 구직자로부터의 개인 데이터와 구인 기업으로부터의 채용 공고 데이터를 원하는 형태로 바꾸고 분석해서 필요한 정보를 찾아낸다. 즉, 추천자는 정보를 분석하는 도구(소프트웨어)를 통해 데이터를 다양한 차원과 관점에서 분류하고 요약하며 분석할 수 있다.

구체적으로 추천자는 데이터 분석을 하기에 앞서 목적을 파악하고, 어떤 형식으로 데이터 분석을 할지 결정한다. 그다음에는 필요한 데이터를 결정하고 분석 목적에 맞는 형태로 데이터를 바꿀 수 있다. 이후 데이터 분석을 실행하여 필요한 정보를 찾아낸 뒤 그 결과가 유용한지를 판단하고, 유용하다고 판단되는 경우에는 필요한 정보들을 이용한다.

추가로 분석을 통해 데이터에 오류가 있지는 않은지를 알아내기도 한다. 이때는 학문적인 이론이나 상식과 관계없이 순수하게 데이터의 연관성을 분석하기도 한다.

채용 추천 서비스는 추천자의 추천에 의해 구직을 원하는 개인과 구인 기업 간에 채용이 성사될 경우에는 그 보상으로 보상 토큰을 추천자에게 지급한다.

또한, 채용 추천 서비스는 블록체인 형태로 개인 데이터와 구인 기업의 채용 정보가 분산화되어 저장되는 데 필요한 전반적인 동작을 수행한다. 이러한 시스템 구동을 위해 채용 추천 서비스는 암호화폐(토큰)를 발행한다. 즉, 채용 추천 서비스는 마이닝(채굴 혹은 가공) 프로그램을 저장한다.

이 같은 마이닝 프로그램을 내려받은 사용자 하나하나를 노드

(Node, 단말)라고 부르는데, 이 노드들이 서로 연결되어 컴퓨팅 파워 (CPU나 그래픽카드의 연산력의 합)를 제공하여 일반 지갑들 사이에 이루어 지는 암호화폐의 전송 기록들을 블록체인에 일일이 기록하고 암호화 하는 작업을 수행한다. 이러한 서비스 구동을 위해 블록체인에 구직 을 희망하는 개인의 이력서와 같은 개인 데이터와 구인 기업의 채용 정보가 분산화되어 저장된다.

채용 추천 서비스는 구직자와 구인 기업, 추천자로 구현되는 노드 들에게 각자가 제공한 컴퓨팅 파워(Hash, 해쉬)에 비례하여 확률적으로 신규 코인을 생성하여 나눠주기도 하고, 전송에 필요한 수수료들을 모 아서 나눠주기도 한다.

이러한 신규 코인(비트코인의 경우, 현재 약 10분 동안 20개 생성)과 전송 수 수료들이 노드(Node)들로 하여금 블록체인의 암호화 작업에 참여하도 록 하는 동기가 되는데, 이 같은 행위를 채굴(마이닝)이라고 부른다.

일례로, 비트코인의 경우에는 신규 블록이 10분에 하나씩 생성되는 데 이는 10분 동안 전체 네트워크에서 이루어진 전송 기록들을 모두 모아 암호화시켜 놓은 것이다. 이러한 블록 하나하나가 누적되어 기록 된 것이 블록체인이다. 결론적으로 블록체인이라 함은 해당 암호화폐 의 처음부터 지금까지의 거래 내역을 전부 암호화시켜 모아놓은 거래 장부로 이해할 수 있다.

이러한 블록체인에서는 이와 연결된 일반 지갑 사용자들, 즉 구인 기업과 구직을 원하는 개인들이 지속해서 동기화를 하며 자신의 컴퓨터와 네트워크상의 블록체인을 동기화시키게 되는데, 한 지갑의 사용자가 코인의 전송을 네트워크에 요구하면 주변의 노드들이 순차적으로 해당 전송 요청을 받아 이것이 올바른 전송 요청이라는 것을 블록체인에 기록하게 된다. 따라서 블록체인 기술을 적용하면 거래 내역을 투명하게 확인하는 것이 가능하다.

또한, 채용 추천 서비스 제공 시스템은 이력서를 포함하는 개인의 중요 데이터를 분산 저장 기술화(InterPlanetary File System, IPFS)하며 블록체인에는 인터랙션에 대한 데이터를 담아 민감한 개인 데이터에 대한 보안을 강화할 수 있다.

그뿐만 아니라 블록체인의 비가역성에 의해 개인 데이터를 분산하여 저장함으로써 추천자의 채용 추천 체인을 정확하게 트래킹할 방법을 제공할 수 있다.

이에 따라 토큰들은 진정한 추천 및 거래가 이루어졌을 때만 거래되기 때문에 거래의 신뢰성을 보장할 수 있는 효과가 있다. 즉, 허구의 인재 추천으로 인해 사기를 당하지 않도록 보장하여 신뢰성을 높일 수 있다.

또한, 본 내용에 따르면 공개 데이터를 제공하는 다양한 공공기관의 정보와 함께 필요시에는 개인 인증 기관과의 강력한 네트워크 구축을 통해 신원 검증을 할 수 있다.

일례로, 구직을 희망하는 개인의 학력 사항과 경력 정보 등 신원 검증을 블록화하여 강력하게 신원을 보장하는 것이 가능하다. 이러한 신원 보장 데이터는 비가역적인 블록체인의 특성상 누구라도 쉽게 위

변조를 할 수 없다는 강점이 있다.

그뿐만 아니라 개인적이고 예민한 정보에 블록체인 기술의 분산형 데이터 저장 기술을 적용함으로써, 대규모의 해킹에 대비한 강력한 보안성을 제공할 수 있다.

즉, 이러한 실시 방법에 따른 채용 추천 서비스 제공 시스템은 블록체인에 기반함으로써 구인 기업과 구직자들의 지속적인 참여 가능성을 높일 수 있다.

특히 보상 토큰을 통해 추천에 대한 보상을 받으면 신뢰도가 높아지는 것이 눈에 보이기 때문에 신뢰도를 높일 경우에 받게 될 차별화 요소, 즉 커뮤니티에 미칠 파급력의 상승에 관심을 높일 수 있다. 이러한 과정을 통해 커뮤니티는 성장할 수 있고, 커뮤니티의 성장에 따라 더 넓은 범위에서 참여자들을 유도할 가능성을 내포할 수 있는 것이다.

기존의 한 방향 커뮤니케이션 방식이 아닌 다방향 커뮤니케이션으로 발생하는 노드 연결의 효과도 있다.

다수의 노드 간의 커뮤니케이션은 연결 확률을 높이고, 노드 간 커뮤니케이션의 증가는 중간에 인플루언서를 양산하는 구조의 기초가 될 수 있다. 이때 인플루언서는 구직자 중에서 구직자의 정보와 구인 기업의 정보를 매칭하여 구인 기업에 맞는 구직자에 관한 추천 횟수가 많은, 추천자 역할을 수행하는 구직자일 수 있다.

또 여기서 인플루언서는 인스타그램이나 유튜브와 같은 SNS에서 수십만 명의 구독자(팔로어)를 보유한 SNS 유명인을 말한다. 이러한 실시 방법에 있어서 인플루언서(Influencer)인 추천자가 핵심 노드로 작용할 수 있다.

이러한 구동 방법에 따른 채용 추천 서비스 제공 시스템에 따르면 개인 구직 데이터를 데이터 마이너로 고려하여 이에 대한 보상을 주고, 누군가 데이터를 확인할 경우 확인에 대한 수수료를 데이터 마이너에게 주는 방식으로 개인이 보유한 데이터를 디지털 자산화하는 것이 가능해진다.

즉, 채용 시스템에 블록체인 기술을 도입하여 채용 프로세스의 투명화가 가능하다. 그리고 이에 따라 투명한 채용 절차 진행을 담보할 수 있다.

본 내용의 일례에 따른 채용 추천 서비스, 즉 서비스 플랫폼에 의하면 개인 데이터에 대한 주권은 개인에게 있으므로, 기업은 구직을 원하는 개인들의 개인 데이터에 대한 열람과 콘택트를 위해 플랫폼에서 제공하는 토큰을 구매하고 개인에게 지급할 수 있다.

이러한 실 구동 방법에 따른 보상 토큰은 구직자의 개인 데이터에 대한 반대급부의 개념이다. 채용 추천 서비스가 구직자의 개인 데이터를 열람하는 구인 기업으로부터 수취하여 개인 데이터를 제공한 구직자에게 참여에 대한 보상으로 지급하거나 추천자에게 채용 성사에 활용한 보상으로 지급하도록 설계되는 유틸리티 토큰이다.

유틸리티 토큰은 유틸리티라는 단어 그대로 유용성이 있는 토큰이다. 즉, 유틸리티 토큰은 어떤 서비스나 시스템을 사용하는 목적으로 사용되는 토큰이라 할 수 있다. 탈중앙화된 연산 비용을 지급하는 수단으로 디앱(DApp)의 다양한 서비스에 접근하여 생산자에게는 보상을,

소비자에게는 소비를 위한 결제로 사용할 수 있게 설계된 토큰이다. 즉, 웹상의 자산을 실물 자산과 연결해 준다는 점에서 유용성이 있다고 할 수 있다.

토큰을 이용하여 추천에 대한 보상을 받음으로써 신뢰도가 높아지는 것을 가시적으로 확인할 수 있고, 신뢰도를 높일 경우에 받게 될 차별화 요소, 즉 커뮤니티에 미칠 파급력의 상승에 관심을 갖게 된다. 이런 과정을 통해 커뮤니티는 성장할 수 있고, 성장하는 커뮤니티는 더 넓은 범위에서 참여자들을 유도할 가능성을 내포하게 된다.

본 내용의 또 다른 양상에 따르면, 채용 추천 서비스는 구직을 원하는 개인이 특정 구인 기업의 면접 요청에 대해 면접 참여 의사를 밝혔음에도 불구하고 면접에 참석하지 못하는 경우, 특정 구인 기업으로부터 개인 데이터에 대한 열람권으로 지급받은 토큰을 다시 특정 구인 기업으로 환급시키는 내용의 스마트 콘트랙트를 진행하게 된다.

즉, 구직자 개인은 자신의 데이터 열람 기업에게 채용 프로세스 참가에 대한 명확한 피드백을 제공해 줘야 하고 면접 참여에 의사를 밝힐 경우 꼭 참석해야 한다. 그러나 참석하지 못할 경우에는 데이터에 대한 열람권으로 지급받은 구인 기업에서 제공한 토큰을 다시 구인 기업에게 환급해 주는 스마트 콘트랙트를 진행하게 된다.

스마트 콘트랙트는 계약 조건을 블록체인에 기록하고 조건이 충족됐을 경우에 자동으로 계약이 실행되게 하는 프로그램이다.

스마트 콘트랙트는 문서로 작성된 기존의 계약서로 계약 이행 시에 예상치 못한 계약서 파손, 분실과 같은 문제가 발생할 우려가 있고, 실제 계약서를 작성하는 등의 계약 수행 시간이 걸리는 단점을 보완하여 컴퓨터 명령어로 계약서를 작성하는 방법이다. 이는 계약을 체결하면 즉시 계약이 시행되어 시간 절약 효과가 탁월하고, 명확한 계약 결과 및 신속한 진행을 장점으로 가지고 있다.

본 내용의 일례에 따르면 블록체인의 스마트 콘트랙트는 내용을 수정할 수 없으므로 구인 기업과 구직자 간의 보상 토큰 지급 구조에 강제성을 가지는 효과가 있다.

또한, 스마트 콘트랙트에 의해 계약 내용에 따라서 자동으로 계약이 실행되기 때문에 제삼자의 개입이나 협상의 여지가 없다. 스마트 콘트랙트에 포함된 조건이 충족되면 즉각적으로 그 보상을 받을 수 있다. 다시 말해 채용 프로세스에서의 보상 지급 프로세스의 신뢰성과 투명성을 보장할 수 있는 것이다.

일례에 있어서 보상 토큰은 초기에 ICO(Initial Coin Offering)를 통해 미리 구매하고자 하는 사람들에게 판매되는 형태로도 구현될 수도 있다. 원천적으로는 서비스 플랫폼에서 구동되는 유틸리티 토큰이며 실제로 개인 데이터에 대한 반대급부 개념이므로 참여 및 활용에 대한 보상의 개념으로 설계되는 것이 바람직하다.

구체적으로 예를 들어 보면 다음과 같다. 구인 기업이 구직자의 개인 데이터를 열람 및 콘택트 시에 받게 되는 1토큰이 있고, 면접 참여 시 받게 되는 2토큰이 있으며, 채용 성사 시에 받게 되는 20토큰이 있을 수 있다.

이같이 전반적인 채용 프로세스에서 발생하는 결정의 순간을 보상 토큰으로 보상받게 되므로 이것을 산정하여 토큰의 발행량은 시기에 따라 증가하는 방식으로 설계될 것이다.

본 내용의 일례에 따른 채용 추천 서비스 제공 시스템은 다음과 같다. 구직자가 자신의 이력서를 포함하는 개인 데이터를 올리고, 구인 기업은 제공되는 개인 데이터를 확인하여 채용 기준에 적합한 구직자를 채용한다. 그리고 구인 기업은 개인 데이터에 대한 열람 비용을 제공하고, 인터뷰 후에 채용 결정에 따라 약속된 비용을 토큰 형태로 지급하는 것이다.

본 서비스의 다른 양상에 따라 일례에 따른 추천자는 소셜 네트워크 서비스(Social Network Services/Sites, SNS) 서버로부터 구직을 원하는 개인의 계정에 업로드되는 게시물을 수집하고, 수집된 게시물을 데이터 마이닝하여 구직을 원하는 개인의 개인 데이터에 더 반영한다.

즉, 페이스북과 같은 SNS에 기반하여 확보된 사용자들의 개인 데이터에 기반하여 구직을 희망하는 개인들에 대한 가치, 관심, 직업 등을 반영한 성향을 분석하여 개인 성향에 맞는 일자리 정보를 제공해 주는 것이 가능하다.

일례에 있어서 추천자는 SNS 서버로부터 수집된 게시물에 기반하여 구직을 희망하는 개인들의 인성, 경험, 스토리, 특기, 취미, 성향, 관심사, 전공, 개인 활동, 학점, 학력, 친구 관계, 정치관 중 적어도 하나의 항목에 대한 분석이 가능하다.

이러한 양상에 따라 가입된 구직을 희망하는 개인들의 성향을 매칭하여 성향이 유사한 사람들과의 교류를 희망하는 사람들에게 유사 관심 기반의 커뮤니티를 구축하는 것도 가능하다. 이에 따라 성향이 유사한 사람들 간에 취업 스터디를 결성하거나, 취업 동아리와 같은 커뮤니티를 형성할 수 있는 효과가 있다.

이와 같은 커뮤니티 구축 과정에서 유사 관심 집단 커뮤니티에 추천자의 추천 활동을 운영하는 것이 가능하다.

일례에 있어서 데이터 마이너인 추천자 또는 채용 추천 서비스는 구직자로부터의 개인 데이터와 구인 기업으로부터의 채용 공고 데이터를 원하는 형태로 바꾸고 분석해서 필요한 정보를 찾아낸다. 즉, 추천자 또는 채용 추천 서비스는 정보를 분석하는 도구(소프트웨어)를 통해 데이터를 다양한 차원과 관점에서 분류하고 요약하며 분석할 수 있다.

일례로, 개인 데이터에 포함되는 이력서의 경력, 기술, 자격, 직무 능력, 전문 기술, 지인 추천 항목에 대한 기록 내용을 분석하여 능동형인지, 진취적인지, 충돌형인지, 수동형인지 등의 세부 항목에 따른 평가를 수행하여 구직을 원하는 개인의 성격이나 성향을 파악할 수 있다.

그리고 구인 기업에서 업로드하는 채용 공고에 기반하여 기업의 성향, 원하는 인재상에 대한 분석을 수행한다. 그리고 원하는 인재상이 능동형인지, 진취적인지, 충돌형인지, 수동형인지 등의 세부 항목에 대한 기준을 파악할 수 있다.

그리고 개인 데이터에 기반하여 파악된 구직을 원하는 개인의 성격, 성향과 인재상이 일치하는지를 평가 항목별로 매칭시켜 비교한다. 이에 따라 매칭도가 높은 구직자를 구인 기업에 추천해 줄 수 있다.

특히 이때 구직자의 개인 데이터는 지인 추천에 의한 레퍼런스가 평가 항목으로 포함된다. 추천자로부터의 추천 수가 많을수록 해당 항목의 점수가 높게 평가될 수 있다. 여기서 추천자는 구직을 원하는 개인의 직장 동료나 선배, 헤드헌터, 잡 컨설턴트, 취업 코치 중의 한 명일 수도 있다.

일례에 따른 블록체인 기반의 채용 추천 서비스 제공 시스템은 채용 정보에 관한 구직자의 개인 데이터의 주권을 구직자가 갖도록 하고, 이에 대한 반대급부로 이력서를 포함하는 개인 데이터와 채용 공고 데이터 시장에서 거래되는 거래 수수료가 확보되도록 할 수 있다.

또한, 토큰 발행을 통해 개인 데이터에 대한 주권을 확보하게 하고, 토큰화된 개인 데이터 자산 가치를 기축 크립토커런시로 변환하여 아톰 세계에서 변환하도록 할 수도 있다.

향후에는 더 큰 생태계를 위한 토큰을 추가로 발행할 수 있다. 이때는 이를 위해서 초기 참여자들의 토큰 발행에 대한 합의 관련 의사 결정을 할 수 있도록 토큰 스테이킹을 보장해야 한다.

본 서비스의 구동 방식은 다음과 같다.

먼저, 구인 기업의 채용 관리자가 소지하는 구인 기업이 채용 공고를 블록체인 형태로 다른 구인 기업 및 구직자와 공유한다. 그리고 구직을 원하는 개인이 소지한 구직자의 개인 이력서를 포함한 개인 데이터를 블록체인 형태로 구인 기업 및 다른 구직자와 공유한다.

이때, 구인 기업에게 구직을 원하는 개인을 추천해 주는 추천자는 적어도 한 명 이상의 구직자로부터 구직을 원하는 개인의 개인 이력서를 포함한 개인 데이터를 블록체인 형태로 수집하여 저장한다. 그리고 추천자가 구인 기업에서 업로드되는 채용 공고와 구직자로부터 업로드되는 구직자의 개인 데이터를 데이터 마이닝하여 구인 기업에 매칭되는 개인 데이터 정보를 추출한다.

이후에 추천자 단말이 추출된 매칭되는 개인 데이터 정보에 기반하여 구인 기업으로 구직을 원하는 개인을 추천한다. 채용 추천 서비스가 추천자 단말의 추천에 의해 구직을 원하는 개인과 구인 기업 간에 채용이 성사될 경우에는 그 보상으로 추천자에게 보상 토큰을 지급한다.

이러한 양상에 따르면 여기서 토큰은 구직자의 개인 데이터에 대한 반대급부 개념인 것으로, 구직자의 개인 데이터를 열람하는 구인 기업 단말로부터 수취하여, 개인 데이터를 제공한 구직자 단말에게 참여에 대한 보상으로 지급되거나 추천자 단말에게 채용 성사에 활용한 보상으로 지급되도록 설계된다.

본 서비스의 일례에 따른 채용 추천 서비스 제공 시스템은 구직자가 자신의 이력서를 포함하는 개인 데이터를 올리고, 구인 기업은 제공되는 개인 데이터를 확인하여 채용 기준에 적합한 구직자를 채용한다. 그리고 구인 기업은 개인 데이터에 대한 열람 비용을 제공하고, 인터뷰 후에 채용 결정에 따라 약속된 비용을 토큰 형태로 지급하는 것이다.

본 서비스의 다른 양상에 따라 채용 추천 서비스는 구직을 원하는 개인이 특정 구인 기업의 면접 요청에 대해 면접 참여 의사를 밝혔음에도 불구하고 면접에 참석하지 못하는 경우, 특정 구인 기업으로부터 개인 데이터에 대한 열람권으로 지급받은 토큰을 다시 특정 구인 기업으로 환급시키는 내용의 스마트 콘트랙트를 진행한다.

즉, 구직자 개인은 자신의 데이터 열람 기업에게 채용 프로세스 참가에 대한 명확한 피드백을 제공해 줘야 하고 면접 참여에 의사를 밝힐 경우 꼭 참석해야 한다. 그러나 참석하지 못할 경우에 데이터에 대한 열람권으로 지급받은 구인 기업에서 제공한 토큰을 다시 구인 기업에게 환급해 주는 스마트 콘트랙트를 진행하게 된다.

스마트 콘트랙트에 포함된 조건이 충족되면 즉각적으로 그 보상을 받을 수 있다. 다시 말해서, 채용 프로세스 그 보상 지급 프로세스의 신뢰성과 투명성을 보장할 수 있는 것이다.

또한, 본 서비스의 추가적인 양상에 따르면 소셜 네트워크 서비스(Social Network Services/Sites, SNS) 서버로부터 구직을 원하는 개인의 계정에 업로드되는 게시물을 수집하고, 수집된 게시물을 데이터 마이닝하여 상기 구직을 원하는 개인의 개인 데이터에 더 반영할 수 있다.

즉, 페이스북과 같은 SNS를 바탕으로 확보된 사용자들의 개인 데이터에 기반하여 구직을 희망하는 개인들에 대한 가치, 관심, 직업 등을 반영한 성향을 분석하여 개인의 성향에 맞는 일자리 정보를 제공해 주는 것이 가능하다.

Epilogue

에드워드 벨러미(Edward Bellamy)의 대표작인 『뒤를 돌아보면서』에서 주인공 줄리언 웨스트는 1887년에 잠들었다가 113년이 지난 2000년에 깨어나서 미국의 극적인 변화를 깨닫는다. 새로운 미국에서는 사람들이 45세가 되면 일을 그만두고 다른 사람에게 상담과 조언을 해 주거나 지역사회를 이롭게 하는 자원봉사에 힘쓰며 살아간다. 대부분의 사람은 주당 근무 시간이 얼마 되지 않고 경제적인 자원과 함께 식량과 주택을 무상으로 제공받는다.

사람들이 몇 시간 일하지 않는 데도 그런 생활이 가능한 것은 신기술 덕분에 생산성이 엄청나게 향상되었기 때문이다. 고용 인원이 많을 필요가 없으므로 사람들은 교육과 개인적인 관심사, 자원봉사, 지역사회 개선을 위해 대부분의 시간을 보낸다. 일하는 시간이 줄어들면서 일과 관계없는 새로운 기술을 익히고 개인의 주체성을 확립할 시간이 늘어난다.

우리가 궁극적으로 그리는 삶에 대한 미래는 혹시 상기의 모습과 같지 않을까? 과연 일이라는 것은 무엇인가? 타인을 돕는 자원봉사 활동이나 아이를 낳고 기르는 육아 활동 그리고 거동이 불편한 부모를 공양하는 부모 공양 등의 활동이야말로 진정한 일이 될 수 있다.

세상에는 뜻하지 않게 사고를 당하거나 심한 정신적 우울감에 빠진 사람들이 있을 수 있다. 이런 주변의 사람들을 돌보고 치유해 주는 봉사활동이야말로 진정한 의미의 일이 될 수 있다.

단순히 봉사활동이라는 말로 포장하지 않아도, 일이라는 것은 사회적으로 큰 공감대를 형성하여 가치 있는 일로 인식되어야 한다. 그리고 그에 따라 그 일에 대한 사회적 가치를 인정받아야 마땅하다. 이런 인식은 부모 공양이나 육아에도 동일하게 적용되어야 한다. 이런 환경 속에서 많은 이의 삶을 향상시켜 줄 새로운 시대의 가능성이 떠오르고 있다.

이런 흐름에 편승하기 위해서는 일의 개념을 다시 한번 생각해 봐야 한다.

신기술과 비즈니스 모델의 전면적인 변화는 사람들의 생계 활동을 바꿔놓고 있다. 고용의 본질에 영향을 끼치고 있다. 미래에는 기술 혁신이 빨라지면서 경제 전체에 중대한 영향을 끼치는 상황을 예상해야 한다. 특별한 기술 없이는 일자리를 구하지 못하는 상황이 된다면, 시간제 노동, 자원봉사, 육아, 멘토링을 포함하여 노동의 개념을 확장해야 한다. 이런 활동은 사회 전체를 풍요롭게 만들고 사람들이 직업적 역할 외의 개인의 정체성을 개발하는 데 도움을 준다.

또 다른 산업혁명에 따라 일자리의 변화에 대한 다양한 예측이 대두되고 있다. 일자리가 급격하게 없어진다는 학자와 기술의 발달로 인해 새롭게 파생되는 새로운 일자리가 과거의 일자리보다 훨씬 더 많아진다는 얘기도 들려온다.

어떤 판단이 다가올 미래에 적합하게 맞아들어갈지는 시간이 지나야 알겠지만, 한 가지 중요한 사실은 적어도 조만간 변화가 시작될 것이고, 그 변화는 현재도 진행형이라는 데 있다.

일자리가 대폭 없어지거나 새로 생겨나거나 하는 흐름의 본질을 꿰뚫는 핵심은 기존 일자리는 사라지고 새로운 일자리가 출현한다는 것이다. 그리고 새롭게 출현하는 일자리의 대다수가 시간을 선택하는 일자리일 가능성이 매우 크다는 것이다. 흔히 말하는 '프리랜서'가 많아지는 구조로 간다는 얘기가 대세론으로 작용하고 있다.

현재 우버나 기타 공유 경제 모델에서와 같이 수많은 독립 근로자가 우버와 같이 거대한 플랫폼에 귀속되어 자신의 노동으로 얻게 되는 가치의 일부분을 중개 플랫폼에게 나눠줘야 하는 모델은 그다지 바람직하지 않다.

노동을 수행한 근로자들은 자신이 투입한 시간에 대한 가치를 충분히 인정받아야 하며 그런 시스템이 사회적으로 구축되어야 할 필요가 커지고 있다.

그런 시스템은 분산화된 시스템인 블록체인으로 가능하다. 그러므로 이런 시대적인 흐름을 명확히 관철하고 대응할 수 있는 사회적인 합의와 시도가 필요한 시점이다.

부록

각 분야의 전문가들이 바라보는
블록체인 혁명

블록체인을 바라보는 시각은 아직 정답이라고 할 만한 것은 없다. 블록체인을 기술로만 바라보는 시각도 있고, 암호화폐로만 바라보는 시각도 있다. 단편적인 정보와 지식들이 모여서 큰 지혜가 되듯이, 각각 쪼개진 정보들을 통해 블록체인에 대한 지혜가 모이길 바란다.

부록에서는 필자가 블록체인을 알아가는 과정에서 배웠던 각 분야 전문가들이 들려주었던 강의를 필자 나름의 언어로 해석하고 정리해 본 내용이다. 단편적인 내용이더라도 필자가 주장한 블록체인 구인·구직 생태계라는 한정된 시각을 벗어난 좀 더 광의의 시각으로 블록체인을 바라보는 내용이라서 첨언한다. 부디 쪼개진 지식을 통해 미래의 지혜를 함께 연구하고 실생활에도 잘 사용할 수 있는 날이 빨리 오기를 기대한다.

이오스가 바라보는 블록체인 세상

왜 블록체인인가? 그 답은 블록체인은 자체적으로 투명성과 비가역성이 가장 중요한 포인트로 작용하기 때문이다. 이오스는 퍼블릭 블록체인을 지향하며 프라이빗 블록체인은 엄밀한 의미에서 블록체인 철학과는 조금 동떨어져 있다.

이오스는 블록체인을 통해 단순하고 낮은 비용의 서비스를 개발도상국에 제공하는 것을 목표로 하고 있다. 일례로 대출, 신용 구매 등을 '빈곤세'라고 하는데, 이오스는 이런 빈곤세를 내지 않도록 중간상을 없애는 것을 목표로 하는 프로젝트를 추진하고 있다. 누구라도 스마트폰만 보유하고 있다면 신뢰성을 확보하고 있다고 할 수 있다. 이오스는 캄보디아를 시험대로 하여 프로젝트를 진행하고 있다. 또한, 베트남 커피 공급망 업체와 디앱(DApp)을 구축한 후, 스마트폰 앱으로 재배자들과 연결해서 재배자들을 평가하고 소비자들과 연결하는 방식으로 블록체인 프로젝트를 진행하고 있다. 여기서 중요한 것은 중간상을 없애는 것이 목표이고 그럼으로써 재배자들의 소득을 증가시키는 것을 목표로 하고 있다는 것이다. 생산자와 최종 소비자 간의 거래에서 중요한 것은 제품에 대한 신뢰와 거래에 대한 신뢰 확보다. 이런 양쪽의 신뢰를 확보하기 위해 기존에는 믿을 만한 중개자를 두었지만, 중개자들이 취하는 이득이 과도해짐에 따라 종국엔 생산자와 소비자가 피해를 겪는 폐해가 발생한다. 이를 없애려는 방편으로 중개자를 없애는 블록체인 프로젝트를 추진하고 있다.

이런 유사한 프로젝트들이 지구 곳곳에서 추진되고 있다. 캄보디아에서는 누구나 앱을 보유하면 가맹점으로 가입하여 환율에 큰 영향을 받지 않고 환전할 수 있는 프로젝트인 'CamFass' 프로젝트가 진행되고 있고, 아프리카에서는 소셜 네트워크 평판과 신뢰 계층을 만드는 'Chama'라는 프로젝트가 추진 중이다.

개발도상국에서는 평판 시스템이 블록체인을 기반으로 하여 잘 운영될 수 있다고 믿는다. 개발도상국에서는 신분증이 없으므로 개개인의 신분을 보장할 수 있는 블록체인 기반의 신분증 프로젝트가 사회적인 가치 측면에서 매우 중요하게 고려되고 있다.

'Commodity Alliance Network(CAN)'는 어떤 커뮤니티에서 확보한 평판을 다른 커뮤니티에서도 활용할 수 있게 하는 프로젝트이다. 이것은 다양한 공동체에서 동일한 평판을 확인할 수 있으므로 신뢰성 확보 차원에서 큰 의미를 가지게 된다.

ONO 프로젝트는 페이스북 대체재가 목표이다. 콘텐츠를 포스팅하면 콘텐츠 생성자가 토큰을 확보하는 방식으로 진행되고 광고주는 유저에게 광고 뷰에 대한 비용을 지불하는 방식이다. SNS에 올려지는 개인들의 콘텐츠가 개인의 자산으로 활용되고 광고주가 스스로 선택하는 타겟에 포함된 개인은 그 광고주의 광고를 열람하게 되면 그 광고 비용을 받는 방식으로 개인의 선택권과 데이터에 대한 소유권이 개인에게 돌아가는 구조다. 블록체인에서는 이러한 구조를 꿈꾸고 있다.

블록체인은 4차 산업혁명의 핵심 인프라

　인터넷은 정보 혁명을 이끌었지만, 블록체인은 자산 혁명을 이끌 것이다. 즉, 가치의 인터넷으로써 등기와 같은 계약, 아이디 등을 모두 블록체인에 남기게 됨으로써 자산 혁명이라고 지칭할 수 있다.

　'Banking WhitOut Bank' 개념이 블록체인을 통해 발생한다. 예를 들어, 아날로그 머니가 디지털 머니로 변환됨으로써 탈중앙화가 진행된다.

　금융 직거래 현상이 발생하면서 중간자가 없어지는 현상이 광범위하게 나타날 것이고 곧 정착될 것이다.

　또한, 코인에 새로운 자산을 페깅(Pegging)한 자산형 토큰이 나오고 있다. 예를 들어, 100억 원의 가치를 가진 빌딩이 100억 개의 토큰을 발행해서 누군가가 10만 원 수준의 자산을 산다면 그는 10만 원에 대한 자산을 확보하게 된다. 돈이 많지 않은 사람도 부동산 토큰을 사면 전 세계 부동산의 주인이 될 수 있는 기회가 생기는 것이다. 부동산 외에도 금을 담보로 토큰나이제이션을 할 수 있고, 실제로 이런 프로젝트가 실행되고 있다. 우리는 보이는 자산을 토큰화해서 유동화할 수 있기도 하지만 보이지 않는 자산, 즉 데이터도 돈이 될 수 있는 데이터 자산을 만들 수 있다. 예를 들어, 스팀잇은 글이 온라인에서 자산이 될 수 있다는 것을 증명하였고, 이외에도 유사한 프로젝트가 끊임없이 만들어지고 있다.

　특히 개인의 아이디(ID)를 자산화하고자 하는 프로젝트는 전 세계적으로 관심을 받고 있다.

　이런 측면에서 고려해 보면 향후 3가지 비즈니스 영역에서 가능성이 존재할 것이다. 첫째, 자산 평가 회사이다. 보이는 자산과 보이지 않는 자산과 같은 자산을 평가하는 회사가 주목받게 될 가능성이 크다.

둘째, 신탁 토큰 발행 회사이다. 자산 신탁형 토큰 발행 회사가 금을 담보로 토큰을 발행하는 사례 등과 같이 실물 자산을 신탁하고 토큰을 발행하는 회사가 주목받을 것이다.

셋째, 자산 토큰 거래소이다.

이렇게 3가지 비즈니스 기회에 관해 법적으로 가이드가 조성된다면 전 세계의 부가 한국으로 들어올 기회가 열릴 수 있다.

미래에는 직거래(C2C) 데이터 플랫폼이 중요해지고 정보를 사고팔 수 있는 거래 플랫폼이 매우 중요해지는 세상이 도래할 것이다. 데이터에 스마트 콘트랙트를 묶어서 사용자들에게 판매할 방안에 대해 심각하게 고민해 볼 필요가 있다. 직거래 데이터 플랫폼은 어떤 제품 사용자의 데이터를 스마트 콘트랙트를 통해 필요한 기업에게 판매하여 투명하게 거래하는 방식으로 미래에 각광받을 수 있다.

누가 어디에 어떻게 활용하는가에 관한 정보를 투명하게 제공해 주고 보상을 준다면 데이터를 확보하게 될 수 있다. 즉, 투명하게 어디에 활용되는지를 보여 주고 그 신뢰를 기반으로 보상을 제공해 주는 프로세스가 잘 구축되어야 한다. 이것은 블록체인 기술을 기반으로 하면 가능하다.

- 인호(한국 블록체인학회 회장, 고려대학교 교수)

에너지 부분은 블록체인이 직접적으로 영향을 미칠 중요한 산업 영역에서 두 번째이다. 스마트 콘트랙트를 통해 에너지 거래 분야에 혁신이 일어날 것이다. 개개인이 쓰고 남는 에너지를 블록체인 기술을 활용하여 직거래하는 것이 가능해진다.

그다음으로는 사물인터넷(IoT) 분야도 블록체인으로 변할 중요한 분야이다. 교통과 물류도 블록체인이 영향을 미칠 중요한 산업 영역이다. 부동산 분야는 그다음으로 활용이 필요한 분야이다. 아무도 신뢰하기 힘든 상황에서 개인 간에 믿을 수 있는 거래가 이뤄지게 할 수 있는 것이 블록체인 기술이 가진 기본적인 사상이자 철학이다.

이와 유사하게 개인과 기업 간의 정보 비대칭과 신뢰 부족 문제를 블록체인 기술로 해결할 수 있다. 결국은 노드 간 정보 비대칭 문제를 어떻게 해결하고 신뢰 확보를 어떻게 해 주느냐의 문제가 사용성에 있어서 매우 중요하며, 블록체인은 이를 해결하는 데 있어서 상당한 기본을 갖춘 시스템이다.

이렇듯 산업의 각 영역 적용에서 블록체인은 근간 기술이 되고 인공지능 등의 다양한 기술과의 협력이 중요해진다.

이미 60개국에서 다양한 산업에 대한 파일럿 프로젝트를 진행하고 있고 싱가포르는 85%의 기업에서 이미 블록체인을 도입 및 실행 중이기도 하다.

- 시바지 다스[프로스트 앤 설리번(Frost&Sullivan) 아태지역(APAC) 총괄 사장]

머니는 진화할 것이다. 머니는 디지털화될 것이고, 디지털머니는 프로그래머블화로 진화할 것이다. 프로그래머블 머니는 다양한 기계에 의해 이용이 확대될 것이다. '머신 to 머신', 즉 M2M 간 커머스 시대가 머니의 프로그래머블로 가능하게 된다.

플랫폼 생태계 제공자는 코인을 소유하게 되고 자신의 코인을 나눠주게 되면서 코인의 가치가 높아질 것이다. 그럼으로써 플랫폼 제공자가 취득하게 될 것이 커지게 된다.

블록체인의 챌린지는 각각의 블록체인의 상호 호환성이 아주 중요할 것이다. 이런 문제를 인터체인 문제라고 할 수 있다.

블록체인의 지속성에 대한 이슈 중에서 속도의 문제는 큰 이슈가 아니다. 속도의 문제는 다양한 기술들이 개발되고 있으므로 개선될 여지가 조만간 있을 것이다.

블록체인에서 구동하는 스마트 콘트랙트는 현실에서 사용하기에는 아직 상당히 어려운 부분이 있다. 쉽게 현장에서 활용할 수 있도록 하는 해결 이슈가 있어야 할 것이다.

IoT와 AI 위에 블록체인 기술이 올라가서 융합된 기술이 현장에 적용될 시점이 도래하고 있다.

전 세계적으로 연결(Connectivity)을 잘하는 기업이 성공했고 앞으로도 그럴 것이다. 인터넷으로 연결을 장악했던 아마존, 구글 등이 성공했다면 앞으로는 블록체인으로 연결을 잘하는 기업이 성공의 과실을 딸 것이다.

- 박수용(서강대학교 교수)

블록체인니즘(BlockChainizm)

블록체인니즘은 회원이 참여하여 지적 자산을 같이 만들어가는 것을 목표로 하고 있다.

하나의 권력이 아니라 권력의 분산화를 요구하는 시대적인 요구를 블록체인이 처음으로 만들어 가는 것이다. 정보(Information)는 자원이자 자산이다.

남미는 자원이 많아도 왜 영미보다 자본주의가 발전하지 않았는가? 영미는 자원에 대한 소유 구분을 명확하게 한 것에서부터 자본주의가 성장하였다.

SNS의 발전으로 현시대는 촘촘한 네트워크 사회가 되었다고 할 수 있다. 이렇게 촘촘한 네트워크 사회에 새로운 자본이 등장하고 있는 것인데, 축적된 디지털 정보가 자본화된 것이 블록체인이다.

네트워크를 동일하게 측정할 수 있다면 보이지 않는 명성이 자본화될 수 있다. 예를 들면, BTS가 블랙핑크보다 얼마나 더 유명한가를 자본화하여 알 수 있다.

법학회에서도 지적 자산을 수량화 및 자산화하여 평가하는 시스템을 만들고자 한다.

블록체인 기술은 정보의 자산화, 정보의 자본화를 요청하는 시대의 요구에 대한 답변이다.

촘촘한 네트워크 사회로 누가 더 빨리 진입하느냐의 문제가 중요하다. 개인 정보의 상품화, 프라이버시 침해 문제 등이 생길 수 있지만, 엄청나게 축적된 잠자는 자본(정보)이 드러나는 것이 앞으로 닥칠 사회적 변화이고 이것을 좀 더 제도화되도록 블록체인 법학회를 만들고 운영하고자 한다.

블록체인은 네트워크 노드상에서 기업의 모습과 다를 것이다.

고용자/피고용자 관계와 같은 정규직 일자리 개념은 사라지고, 네트워크를 통해 프로그래머블하게 일자리 계약 관계가 이뤄지고 보상을 받는 구조가 되는 것이 미래의 일자리일 것으로 예측된다.

　꼭 블록체인이 아니더라도 블록체인니즘이라는 시대적인 요구에 대한 답변이 필요한 시점이므로 블록체인 기술은 지속해서 성장할 것이다.

- 이정엽(대전지방법원 부장판사, 블록체인 법학회 회장)

블록체인 비즈니스의 기회

비트코인은 그 자체가 가진 상징성으로 인해 크립토 시장의 기축통화가 될 것이다.

스팀잇 블록체인 프로젝트의 경우, 스팀 가격의 그래프와 사용자 활동 그래프가 유사하게 움직이고 있다. 이를 통해 암호화폐를 보상으로 제공하는 프로젝트의 장단점을 정의할 수 있다. 장점은 원화를 제공하지 않아도 되고 환금성을 느끼는 암호화폐를 제공한다는 가치를 제공해 줄 수 있다는 것이다. 실제로 스팀은 환금성을 느껴서 스팀 코인을 샀고 이로 인해 양질의 블로거들이 스팀에 참가하게 되었다. 왜 스팀 코인을 사느냐에 관한 이유는 영향력 지수를 표현하기 위해서라고 정의할 수 있다. 아프리카 TV처럼 코인을 왕창 선물하는 현상이 있기도 하다.

반면에 설계를 잘해도 시장이 안 좋아서 왕창 무너질 수 있다는 것이 블록체인 프로젝트가 안고 있는 현재의 단점이다.

체인파트너스에서 만든 암호화폐 거래소인 데이빗(DAYBIT)은 거래소에서 코인을 나눠주었다. 개설 이후 하루에 약 3,600억 원가량의 거래가 발생했는데, 일주일이 지나서 상장했더니 폭락해서 하루에 약 700억 원의 거래 규모로 바뀌었다. 서비스가 지속해서 잘되는 것은 코인의 가격과 영향이 깊다. 블록체인의 토큰은 일종의 배당권을 제공하는 증권형 토큰의 전형인데, 사람들이 기다려 주지 않는다. 이를 통해 초기에 코인을 만든 것이 초기 거래소 시장 진입의 중요한 열쇠였다고 판단할 수 있다.

블록체인 관점으로 고려하면 아직은 너무 초기 단계이다. 다만, 암호화폐는 초기 단계를 넘어섰다.

성능이 떨어지더라도 보안이 올라가는 곳에서만 블록체인을 활용하는 것을 고려해 볼 수 있다. 공인 문서 영역이나 인증 영역에서 블록체인은 아직 혁신할 방법이 있다.

소수의 DPOS 방식으로 추진하는 프로젝트가 많아지고 있는데, 이것은 퍼블릭 블록체인이 가지고 있는 기술적인 한계를 극복하고 현실에 맞게 적용하고자 하는 시도이다.

블록체인은 초기 단계지만, 암호화폐는 성장기 단계로 볼 수 있다. 미래에는 다음과 같은 비즈니스가 주목받을 것이다.

첫째, OTC 비즈니스가 주목받을 것이다. 암호화폐를 거래소에서 구매하지 않고 장외에서 대단위로 구매 대행하는 요구가 많아지고 있다.

둘째, 채굴 비즈니스는 인기가 예전만 못하지만, 그래도 여전히 주목받을 것이다. 조지아 공화국과 같은 나라에서는 전기 브로커가 생길 정도로 다양한 비즈니스가 횡행하고 있다.

블록체인을 업으로 하는 사업자에게 있어서 채굴 사업은 매우 중요한 영역이다. 채굴장은 캐시 사업이고, 누군가 연산을 해 줘야 블록체인이 돌아가기 때문에 꼭 필요한 분야이기도 하다.

셋째, USDT(비트피넥스)가 있다. USDT는 암호화폐에선 안전한 자산으로 평가받고 있다. 달러를 갖고 싶어 하는 수요는 엄청나다. USDT는 이런 수요를 확보할 수 있는 비즈니스이기도 하다.

블록체인 관련 투자는 프로토콜 레이어 투자에서 세컨드 레이어 단계로 넘어가고 있다. 프로토콜은 OS라고 할 수 있는데, 예를 들면 비트코인, 이더리움, EOS와 같은 것이다. 세컨드 레이어는 유틸리티 서비스로, 예를 들면 인증, 지갑, 오라클(정보 무결성 담보, 기상청 데이터에 관해 제삼자가 데이터의 신뢰를 담보로 제공), 라이트닝 네트워크(라이덴 네트워크), ENS(이더리움 네임 서비스, 이더리움 난수 주소를 사람 이름처럼 치환해 주는 서비스)와 같은 비즈니스이다.

이외에도 불법 거래 탐지 관련 사업도 필요한데 이는 아직 한국에 없다.

2019년과 2020년의 블록체인 전망은 다음과 같다. 첫째, 거래소의 제도권 편입과 삼원화가 진행될 것이다. 둘째, 포털로서 지갑의 중요성이 대두되고 블록체인 서비스의 고객 접점은 모바일로 대동단결될 것이다. 셋째, 프로토콜은 비슷해지고 디앱(Dapp)이 '갑'이 되는 시점이 조만간 올 것이다. 블록체인에서도 킬러 콘텐츠는 게임이 될 가능성이 크고, 초기의 아이폰처럼 디앱과 월렛은 상보 관계일 것이다. 즉, 비즈니스 모델이 확실한 디앱이나 크립토 금융에 길이 있다.

향후 기관의 자산을 담기 위해 지갑을 개발하는 것이 중요하다. 이를 통해 기관의 암호 자산을 담을 수 있는 서비스를 제공할 수 있다.

콘트랙트 오디팅 시장이 성장하고 있다. 거래소에서는 '콘트랙트 오디팅 기업이 있는가?'를 요청하고 확인하고 있다. 오디팅에 2만 불의 금액을 기꺼이 지불하겠다는 상황이다.

EOS는 한국과 중국 체인으로 봐야 한다. 북미에서 만들어졌지만, 중국과 한국에서 BP 활동을 많이 하고 있고, 중국과 한국을 메인 프로토콜로 알고 있는 경우가 많다.

실제로 비즈니스 현업에서 블록체인을 통해 혁신을 이뤄내기는 쉽지 않을 것이다.

- 표철민(체인파트너스)

암호화폐 회계와 실무

신종 자본 증권(전환 사채, 전환 증권 등)도 실질에 맞게 회계 처리하고 있듯이, 암호화폐도 실질에 맞게 회계 처리하는 것이 좋다.

IFRS, GAAP 국제 회계 처리 기준에 맞춰 국내 기업들도 회계 처리를 하고 있다.

GAAP은 초기 단계 기업(스타트업, 중소기업 등)의 회계 처리 기준을 적용하는 것이다.

부채 중에는 소송충당부채라는 항목이 있다. 라돈 침대 사태를 맞은 대진 침대의 경우에는 소송 및 위약금을 예측하고자 사용한 항목이었다. 이렇듯 예측되지 않은 사태를 사전에 확인하는 것이 필요하다.

자산 항목 중 토지의 경우, 구매 당시의 100억 원이 500억 원으로 상승했을 때 차변에 기타 자본을 400억 원으로 하여 균형을 맞춰 주는 것이 실질에 맞게 회계를 처리하는 것이다.

암호화폐는 현금성 자산이 아니다. 너무 변동 폭이 크다. 그렇다고 해서 금융 자산도 아니다. 즉, 현금성 자산이나 금융 자산으로 처리하기가 어렵다. 따라서 재고 자산, 무형 자산, 유가 증권의 세 가지 큰 틀에서 분류할 수 있다. 이것도 보유 목적에 따라서 세 가지의 큰 틀에서 구분할 수 있다. 암호화폐를 채굴하면서 판매의 목적일 경우 재고 자산으로 회계 처리할 수 있다. 이런 경우에는 얼마에 취득해서 얼마에 매각했으므로 재고 수불부가 있어야 한다. 즉, 암호화폐에 대한 수불부가 있어야 한다. 암호화폐를 얼마에 구매했고, 얼마를 팔았고, 얼마가 남았는지에 관한 재고 자산 수불부가 있어야 한다. 취득 원가만 알면 판매하기 전에는 변동되지 않는다. 다만, 시가가 현격히 떨어지는 경우에는 시가 평가를 해 줘야 한다.

투자를 목적으로 보유할 경우에는 유가 증권으로 처리해야 한다. 유가 증권으로 처리할 경우에도 수불부가 있어야 한다. 그래서 투자 목적의 장기 보유에도 수불부 작성이 매우 중요하다. 이때는 취득 원가가 아니라 회계 시점의 변동된 원가를 반영해 줘야 한다. 즉, 시가 평가 기준으로 반영해야 한다.

회계 기준에 대해서 금감원, 회계기준원, 금융위원회에서는 지속해서 회계장부를 요청한다. 세무를 기준으로 해서는 국세청(법인세, 부가세, 소득세)에서 자료를 요청한다.

그 때문에 회계, 세무 측면에서 통과하려면 수불부 관리가 매우 중요하다.

토지, 건물 등과 같이 사업 활동을 위해서라면 무형 자산으로 처리해야 한다. 외화 송금 서비스에 암호화폐가 필요했던 기업의 경우 암호화폐를 무형 자산으로 처리하였다. 사업 활동을 위한 자산으로 처리하고 나면 재고 자산보다 시가 평가를 할 필요가 없다. 전혀 그렇지는 않지만, 시가 평가에 매우 둔감한 수준으로 적용해도 무방하다.

거래소는 거래 수수료/출금 수수료의 이윤에 대한 부가가치세 납부로 봐야 하고, 용역의 제공에 대한 서비스를 제공하는 것으로 봐야 하므로 부가세를 납부하는 것이 원칙이다.

ICO는 내가 무언가를 받는 것을 먼저 회계 처리해야 한다. ETH 당시의 시가로 환산하여 자산 처리해야 하는데 수익이나 부채 혹은 자본으로 인식해서 차변 처리해야 한다. 세 가지 중 하나로 실질로 처리해야 한다.

수익으로 처리하면 당해년도에 세금으로 처리해야 한다. ICO를 한 후에는 고객과 관계가 끝나면 되는데, 그것은 아니므로 부채라고 빌렸다 하기에는 애매하고 또한 자본으로 처리하기에도 애매한 부분이 있다. 법률상으로는 등기부상에 등기도 해야 하는 등의 절차가 있어야 해서 애매한 부분이 발생한다. 이런 연유로 자본으로 처리하기에는 무리수가 많다.

그러므로 결국은 부채로 처리하는 것이 가장 합리적인데, 일단 미뤄두는 부채인 '이연수익(수익을 미뤄놓는 것)'으로 해서 부채 처리하는 것이 적정하다고 할 수 있다.

10억 개 발행 ICO의 경우를 가정해 보자. 어떤 특정 암호화폐의 경우, 5억 개를 가지고 있을 경우에는 아예 회계 처리하지 않고 거래가 일어나기 전까지 기다린다. 대변은 특정 암호화폐 10억, 차변은 기타 자본 10억으로 기재하여 기록해 놓는다.

일반적으로 ICO를 진행한 블록체인 프로젝트의 경우, 다음과 같은 세금에 민감하게 대응할 필요가 있다.

법인세는 순자산 증가설에 의해 순자산 증가에 맞춰 매기는 세금이다. 암호화폐의 경우 수불부를 통해 반드시 이를 입증해야 하는데, 그것이 아니면 선입선출법에 따라 국세청에서 세금을 매기게 된다. 때문에 수불부를 만들어 놓고 후입선출법으로 세금을 내야 한다.

부가가치세는 첫째, 사업자, 둘째, 재화 공급, 셋째, 용역 공급(서비스를 제공해 주고 대금을 받는 경우)으로 판단할 수 있다. 재화 공급은 화폐(유가 증권) 거래로 보는데, 암호화폐의 거래를 재화 공급으로 보지 않는 것이 추세이다.

ICO의 경우, 국내에서는 허용되지 않으므로 해외에서 진행하는 경우가 다반사이다. 이 경우 원천세에 관해 확인이 필요하다.

싱가포르에서 ICO를 진행하여 ETH 받은 프로젝트의 경우를 고려해 볼 수 있다. 그러면 싱가포르에 무언가를 보내 줘야 하는데, 이때는 원천세를 고민해야 한다. '기업의 자금이 어딘가로 빠져나갔는데 적격한 증빙을 받지 못하면 뭔가 해야 하지 않을까?'라는 것이 원천세의 본질이다. 급여 제공과 같은 방식으로 원천세를 신고해야 할지를 고민해야 한다.

소득세는 열거주의이다. 양도소득세는 세법에 열거되어 있지 아니하므로 현행 세법상 과세가 불가하다. 암호화폐는 수불부 기록 시에 해당 시점의 가액을 같이 기록해야 한다.

- 김규현(마일스톤앤컴퍼니 회계사)

액셀러레이터 포트폴리오 분석

에어비앤비, 우버가 지분을 참가자들에게 나눠주는 문제를 SEC에 질의해 놓은 상황이다. 동인도 주식회사 이후로 새로운 자본주의에 대한 시도가 진행되고 있는 것인데, 기존 주주에 대한 충돌(Conflict, 컨플릭트) 문제를 어떻게 해결하는가가 중요한 관건이 될 것이다.

실제로 블록체인이 가진 경제적·철학적 가치는 매우 필요하고 시대적인 요구 사항이다. 그런데 분산화된 플랫폼이 꼭 필요한가에 대한 질문이 많다. "중앙 플랫폼이 좀 더 효율적인 시장 가치를 세상에 제공하는데, 왜 굳이 블록체인이어야 하는가?"에 대한 질문을 받을 때 각 서비스 도메인은 대답을 잘 못 하는 경향이 있는데, 이것에 대해 명확하게 답변할 수 있어야만 블록체인 프로젝트로서의 가치가 존재하게 된다.

애플리케이션이 혁신을 일으키면 인프라가 따라온다.

모든 것을 블록체인에 올리려 하지 말고 어떤 것을 블록체인에 올리는 것이 효과적인지를 고민해 봐야 한다. 거버넌스를 모두 분산화하는 것은 어려움이 있으므로 얼마나 사용자들에게 단순하게 거버넌스를 제공할 수 있는지를 깊게 고민해 볼 필요가 있다.

일례로, 에어블락은 데이터의 분산화를 추진하고 있고, 동의를 통해서 개인의 데이터에 대한 보상을 제공하는 서비스를 구축해서 데이터 생태계를 구성하고자 하는 프로젝트로 진행되고 있다.

- 권오형(파운데이션X 파트너)

ICO, 명확한 사실 확인이 필요한 시점

실제로 벤처기업이 성공에 진입하기 위해서는 ICO(Initial Coin Offering) 규모 대비 큰 규모가 필요하고, 평균 8.8년가량의 세월이 필요한데, ICO를 통해 다시는 토큰 발행을 하지 않겠다는 등의 얘기를 꺼내면 안 된다.

암호화폐를 만드는 것은 블록체인을 사용하는 기업을 세우는 것이다. 비즈니스 현실을 정확히 직시해야 한다. 블록체인 프로젝트라고 해서 ICO만으로 끝나는 것은 아니다. 어떤 비즈니스를 지속할 수 있을지를 생각해야 한다. 향후 5년 이내에 플랫폼에서 제공하는 토큰이 플랫폼에서 활동할 수 있는 가치를 가지고 있느냐를 증명해 낼 수 있느냐가 중요한 포인트이다. 따라서 코인 생태계는 생태계에 연도별로 얼마나 참가자들이 참여할까에 대한 예측을 통해 코인 이코노미를 설계할 수 있을 것이다.

IPO와 같이 ICO도 단계별로 어떻게 보유하느냐에 대한 생각을 해야 한다. 시리즈 A에서 C까지 진행할 경우, 어떻게 포지션을 가져갈 것인가를 판단해서 백서에 포함해야 한다. ICO라고 해서 한 번만 진행하고 추가 진행을 하지 않는다는 것은 아니다. 비즈니스 모델의 지속성을 위해 지속적인 자금 수혈에 대한 계획을 세워야 한다.

단계별로 토큰 세일을 고려하는 것이 보편적일 것이고 그런 프로젝트가 나오는 추세이다.

MV=PQ 모델을 암호화폐 자산 가치로 평가하는 것은 부적합하다.

블록체인 프로젝트를 수행하는 데 있어서 "왜 암호화폐를 만들어야 하는가?"라는 질문에 답을 해야 한다. 단순히 내가 하고자 하는 블록체인 프로젝트에 이더리움을 사용하면 해결되는 문제이지만, 실제로는 "왜 우리가 암호화폐를 발행하는가?"라는 질문에 답을 해야 사용자들에게 환영받을 수 있다.

해당 서비스 도메인에서 어떤 부분 그리고 어느 정도를 대체할 수 있을지에 대한 관점으로 블록체인 프로젝트를 바라봐야 한다. 또한, 암호화폐 생태계 구성 시에는 요구 수익률이 더 높을 수밖에 없으므로 요구 수익률을 어떻게 만들어 줄 것인가를 백서에 담아야 한다. 실제로 투자 시장에서는 요구 수익률이 15% 수준이므로 더 제공해 줘야 가능성이 있는 프로젝트로 고려될 수 있다.

토큰 가치는 내가 들어가고자 할 시장의 규모를 수익률로 나눈 후에 이를 토큰 발행량으로 나누면 나오는 것이다.

스테이킹 컨셉을 넣는 것은 ICO를 위해서 꼭 필요하다. 스테이킹 토큰과 수수료 토큰을 분리하여 운영할 수도 있다. 스테이킹 토큰 개념을 만드는 것을 통해 자체 발행 토큰을 가져가는 것에 대한 당위성을 확보할 수 있다.

마이크로 밸류일 경우 자체 토큰에 대한 니즈가 있을 수 있다. 스톰의 경우 볼트라는 포인트와 스톰을 교환하고 스톰을 통해 이더로 교환하는 시스템으로 운영된다.

"스테이킹이 필요한가?", "마이크로 밸류인가?"라는 질문에 대답할 수 있다면 자체 토큰이 필요함을 검증하는 것이다.

페도라/레드헷과 같은 방식으로 오픈 소스를 지원하고 지원에 대한 운영 및 교육 등을 통해 비즈니스를 생성하는 것과 마찬가지로 이더리움 재단/컨센시스의 관계도 동일하게 볼 수 있다. 결국, 블록체인 퍼블릭 네트워트도 오픈 소스이고 해당 오픈 소스를 지원하고 운영 및 교육 등에 대한 비즈니스를 생성하는 모델이 적합한 방식이 아닐까 하는 생각이 든다.

불특정 다수가 언제나 보유해 온 유·무형의 자산을 불특정 다수의 수요자와 연결해서 수익화를 가능케 하는 것이 좋은 블록체인 프로젝트이다. 이런 마이크로 밸류를 확보할 수 있는 사업이 좋은 프로젝트이다. 어찌 보면 극단적인 롱테일의 사업화가 가능한 프로젝트인가를 판단해 보고 거기에 대해 답변할 수 있다면 블록체인이 비즈니스 관점에서 의미가 있다고 할 수 있다. 즉, 블록체인 프로젝트는 사용자들에게는 편리함과 단순함을 제공하지만, 뒷단에서 프로세스의 설계는 매우 촘촘하게 만들어나가야 할 것이다.

- 공태인(코인원 리서치 센터장)

이더리움의 현재와 앞으로의 발전 방향

이더리움 콘퍼런스

'서비스를 하는 데 있어서 메타마스크 계정 생성을 하는 것에 대해 유저들이 매우 큰 벽을 느끼고 이탈하는 현상을 어떻게 해결할 것인가?'의 문제가 블록체인 디앱(DApp)이 해결해야 할 문제이다.

'기존 사일로 플랫폼에서 제공 가능한 서비스의 편리함을 어떻게 블록체인으로 대체할 것인가?'에 대한 이슈는 항상 존재하고 있고, 그것을 해결하지 못하면 블록체인 서비스로 사용자에게 쉽게 다가가기는 불가능하다.

링크, 클레이튼, 아이콘, 루니버스 등의 블록체인 사이드 체인을 추구하는 프로젝트들은 협력사를 확보하고 디앱을 확보해서 자신의 영역을 넓히고자 하는 노력을 지속하고 있다.

보안 문제에 대한 각 블록체인 플랫폼들의 입장은 다음과 같다.

루니버스는 사이드 체인과 메인 체인을 연결하는 밸리데이터라는 복수의 방식으로 거버넌스를 운영하고 있다.

링크 플랫폼에서는 한 번 문제가 발생하면 모든 것을 잃는다는 것으로 생각하고 화이트해커를 내부 랩에 확보한다는 생각으로 보안 문제에 임하고 있다.

아이콘에서는 프라이버시 문제를 더 지적하고 싶은데, 트랜잭션을 감출 수 있는 방향으로 연구 및 개발하고 있다.

이더리움 연구회에서 바라보는 이더리움의 보안 문제에 대한 대응은 이더리움이 퍼블릭에서 가장 신경 많이 쓰고 있다고 볼 수 있다. EVM 취약성을 강화하기 위한 노력들이 진행 중이고, 프라이버시 문제를 위해 영지식 측면으로 내용이 드러나지 않도록 노력하고 있다.

세레니티는 2021년에 완벽한 모습으로 나올 것으로 로드맵상에 나와 있다.

한편으로, 이더리움은 PM이 없으므로 실제로 로드맵상에 맞춰 개발될지는 의문이 들지만, POW는 그대로 두고 POS 등을 추가하여 세레니티를 완성하고자 하는 것에는 의심의 여지가 없다.

결국, 탈중앙화 플랫폼은 하나로 집중될 듯한데, 각 진영에서는 이를 어떻게 생각하는가?

- **이오스**: 프라이빗에서도 의미 있는 큰 플랫폼이 있을 것이고, 2~3개의 퍼블릭으로 수렴되지 않을까? '새로운 프로토콜이 계속 나오기는 힘들지 않을까?' 하는 생각이 든다.

- **아이콘**: 에코 시스템이 구동되기 위한 블록체인 기술 기반의 플랫폼은 몇 개 정도 될 것이다. 사이드 체인과 프라이빗 체인들이 계속 나올 것으로 보인다. 블록체인을 간단히 정의하면 데이터베이스이다. 그러므로 하나의 디앱이 하나의 체

인과 연동될 수도 있다. 블록체인 기술은 몇 가지이지만, 플랫폼은 다양하게 나올 것이며 아이콘은 연동에 중점을 두고 있다.

- **링크**: 1등이 모든 것을 가져간다는 것은 역사가 말해 주고 있다. 전기 수준의 기본 인프라인지, 인터넷 인프라인지, 아니면 사업을 하는 기업에서 제공하는 인프라인지 아직은 분간하기가 어렵다. 플랫폼이라면 승자가 독식할 것이지만, 그렇지 않다면 다른 방향으로 갈 가능성도 크다.
- **루니버스**: 플랫폼의 승자 독식을 위해선 확장성이 중요한데, 그런 관점에서 봐야 한다.

서비스들이 멀티 코인을 발행하기 시작하고 있다. 용도에 따라 다양한 체인들이 존재할 것이고, 인터체인은 하나만 존재할 것으로 보인다. 다양한 산업 영역에서 강한 체인이 존재할 것이고, 인터체인 관점에서는 하나의 인터체인만 있으리라고 판단하고 있다.